KB067612

부의 철학

Original Japanese title: FUTSŪ NO HITO GA OKANEMOCHI NI NARU TATTAHITOTSU NO HOUHOU

Copyright ⓒ 2019 Kei Sugawara

Original Japanese edition published by KAWADE SHOBO SHINSHA Ltd. Publishers

Korean translation rights arranged with KAWADE SHOBO SHINSHA Ltd. Publishers

through The English Agency (Japan) Ltd. and Danny Hong Agency

돈과 인생의 진짜 주인이 되는 법

부의 철학

책들의정원

내가 사는 세상과 '그들'이 사는 세상

돈이 얼마나 있어야 부자라고 할 수 있을까?

우리는 쉽게 '부자'라는 단어를 사용하지만 '대체 돈이 얼마나 많아야 부자라고 할 수 있는가' 하는 질문에는 바로 답하기 힘들다. 일본을 대표하는 싱크탱크인 노무라종합연구소野村総合研究所에서 사용하는 '순금융자산의 보유액에 따른 계급 분류'를 보면 일반적인 부유층의 기준을 알 수 있다.

이 분류에 따르면 부유층은 아래의 다섯 가지 계급으로
분류된다.

1. 초부유층 ― 순금융자산 5억 엔 이상

2. 부유층 ― 순금융자산 1억 엔 이상 5억 엔 미만

3. 준부유층 ― 순금융자산 5천만 엔 이상 1억 엔 미만

4. 중산층 ― 순금융자산 3천만 엔 이상 5천만 엔 미만

5. 서민층 ― 순금융자산 3천만 엔 미만

각 계층에 속하는 인구 비율은 어떻게 되는지 살펴보
자. 2018년 8월의 통계에 따르면 초부유층은 5.46%, 부
유층은 13.97%, 준부유층은 16.05%, 중산층은 20.79%,
서민층은 43.73%로 나타났다.

일본 국세청에서는 연소득 1억 엔 이상인 사람을 부유
층으로 보고 있다. 당연하게도 세무서는 눈을 번뜩이며 소
득, 즉 돈의 흐름을 살피면서 누군가가 돈을 많이 벌면 가
차 없이 세금을 걷어 간다. 추정에 따르면 연수입이 1억 엔
이라도 세무서의 관문을 지나면 수중에 남는 것은 4,962만

엔 정도라고 한다.^{부양가족의 여부와 기타 조건에 따라 달라질 수 있다.}

부자가 되면 그만큼 세금을 많이 내야 한다는 것을 다들 알고 있겠지만 절반 이상을 세금으로 내야 한다고는 생각하지 않았을 것이다. 그래서인지 이 사실을 처음 알게 된 사람은 다들 크게 놀란다. 일본의 소득세율은 최고 45%^{주민세 등을 포함하면 최고 55%}이며, OECD 가입국 중에서는 네 번째로 높다. 참고로 가장 높은 곳은 핀란드로 세율이 60% 이상이다.

그렇다면 연수입 1억 엔 이상의 부자는 얼마나 많이 있을까? "내 주변에는 그런 사람이 없는데?"라고 말하는 이들도 있지만 찾아보면 부자는 생각보다 많다. 일본에는 연수입 1억 엔 이상인 사람이 2만 501명^{2016년 기준}이 있다. 일본의 취업자 수가 6,552만 명이니 그중 연수입 1억 엔 이상인 사람은 0.0031%라고 할 수 있다.

"역시 부자는 매우 적다"고 말할지도 모르겠으나, 희망을 잃을 필요는 없다. 왜냐하면 연수입 1억 엔 이상의 부자가 계속해서 늘어나고 있기 때문이다. 2010년에는 1만 1,834명, 2011년에는 1만 2,750명, 2012년에는 1만 3,609명, 2013년에는 1만 8,370명, 2015년에는 1만

9,234명, 2016년에는 2만 501명으로 그 수가 늘어나고 있음을 통계를 통해 확실하게 알 수 있다.

자산으로 봐도 노무라종합연구소의 〈순자산조사 2015〉^{각종 통계에서 보유 자산액을 추정}에 따르면 순금융자산 보유액 1억 엔 이상의 부유층이 121만 7,000세대로, 2013년부터 21% 증가했다고 하는 것을 볼 때 계속해서 부유층이 늘어나고 있음을 알 수 있다.

새롭게 등장한 슈퍼리치들

《포브스^{Forbes}》가 선정한 2018년 미국 부자 순위를 보면, 24년이라는 오랜 기간 1위를 고수해 온 마이크로소프트의 빌 게이츠를 제치고 아마존의 창업자이자 CEO인 제프 베조스^{Jeffrey Bezos}가 1위에 등극했다. 제프 베조스의 추정자산은 1천 600억 달러이다. 빌 게이츠^{Bill Gates}의 추정자산은 970억 달러를 큰 폭으로 상회하는 금액이다. 아마존은 통신판매사업에 더해 콘텐츠사업 등으로 비즈니스를 확대하였고, 그 결과 1년 사이에 주가가 2배 이상 올랐다고 하니 놀라움을 금할 수 없다. 3위는 워런 버핏[Warren Buffett], 4위는 마크 저커버그[Mark Zuckerberg]이다. 구글의 래리 페이지[Larry Page], 세르게이 브린[Sergey Brin]도 각각 6위와 9위에 들어가 있다.

이전 시대의 부자인 카네기나 록펠러 같은 부호 출신의 사람들은 점점 부자 순위에서 사라지고 있고, 자신의 힘으로 기업을 일으켜 성공한 부자들로 교체되고 있다. 부자 순위를 보면 부자들을 둘러싼 시대의 변천을 한눈에 볼 수 있다.

이러한 경향은 일본에서도 확연하게 알 수 있다. 《포브스》가 발표한 2018년 일본 부자 순위 1위는 소프트뱅크의 손정의[孫正義]이며 그의 자산은 2조 2천 930억 엔이다. 2위는 유니클로의 야나이 다다시[柳井正]로 자산은 약 2조 210억 엔이다. 라쿠텐의 미키타니 히로시[三木谷浩史]는 5천 660억 엔으로 7위, 니토리의 니토리 아키오[似鳥昭雄]는 5천 30억 엔으로 8위에 오르는 등, 부자 순위의 상위를 점유하고 있는 건 역시나 자신의 힘으로 기업을 일으켜 큰 성공을 이룬 사람들이다. 최근 사치스러운 씀씀이로 논란이 되었던 조조타운의 마에자와 유사쿠前沢友作도 스스로 기업을 일으켜 부자가 된 사람이다.

단번에 그들과 같은 성공을 이루려고 하면 '나한테는 무리야…'라는 생각이 먼저 들기 마련이다. 우선은 연수입 400만~500만 엔을 시작으로 자릿수를 하나씩 높여가는 것을 목표로 삼는 것이 좋다. 그것만으로도 지금보다는 훨씬 부자가 된 기분을 느낄 수 있을 것이다.

실제로 현재 일본을 대표하는 비즈니스호텔 체인의 회장인 E현재는 아들에게 사장 자리를 물려줬다는 나와 만났을 때 "연수입이 2천만 엔대가 되었을 때 정말 기분이 좋았다"고 말했다.

부자가 되기 위한 첫걸음은 아주 조금이라도 좋으니 부자가 된 기분을 느껴보는 것이다. 술을 한잔 하거나, 주말을 즐길 때 소심하게 돈 걱정을 하지 않는 것. 아주 사소해 보이는 이러한 행동이 사실은 부자와 가난한 자의 차이점이다.

평범한 사람에게 남겨진 길

부자가 되기 위한 방법에는 어떤 것이 있을까?《대부호에게서 온 편지大富豪からの手紙》등의 저서를 쓴 혼다 켄本田健에 의하면 부자가 되는 방법은 세 가지가 있다고 한다.

첫째, 부잣집에 태어나서 재산을 물려받는 것.

둘째, 투자 등으로 돈이 돈을 벌게 하는 것.

셋째, 자신의 힘으로 일해서 돈을 버는 것.

분명 맞는 말이다. 하지만 이 중에서 첫째와 둘째 방법은 다시 태어나지 않는 이상 실현이 불가능한 일이다. 또한 부잣집에 태어났다고 해도 세상이 그리 만만치는 않다. 왜냐하면 상속을 받을 때 세금을 내야 하기 때문이다. 앞에서 말했듯이 상속세는 최고 55%다. 이는 1억 엔의 자산을 물려받을 때 수중에 남는 돈이 4천 500만 엔으로 줄어든다고 생각하겠지만, 실제로는 공제액 등이 있어 상속세의 계산은 상당히 복잡하다. 결과만을 얘기하자면 대략 5천만 엔을 조금 넘는 정도이다. 그렇다고는 해도 대략 절반에 가깝게 세금이 떼인다. 자산을 물려받는 것도 쉬운 일이 아니라는 거다.

부모가 힘들게 번 돈을 절반 이상 세금으로 떼이고 나면, '대체 나라에 무슨 권리가 있어서 돈을 가져가는 거야!'라고 불평하게 될 것이다. 국세청에 취재를 갔을 때, "연수입이 많으면 많을수록 소득세나 상속세가 늘어나는 데는 어떤 이유가 있어서냐"고 물은 적이 있다. 국세청에서는 "부의 평준화를 이루기 위함"이라고 답했다. 즉, 많이 가진 사람에게서 그만큼 많이 가져와 그 돈으로 사회복지 등에 사용함으로써 가진 게 적은 사람도 행복을 추구할 권리를 가지게 한다는 논리이다.

모든 것은 결심에서 시작된다

지금 이 세상은 두 개의 세계로 분리되어 있다. '돈이 있는 사람의 세계'와 '돈이 없는 사람의 세계'다. 부유한 사람이 있으면 가난한 사람도 있다는 것은 오랜 옛날부터 항상 있어온 일이지만 지금처럼 그 경계선이 뚜렷하게 그어진 시대는 없을 것이다. 부자의 세계와 가난한 사람의 세계는 하늘과 땅만큼의 간격이 있다.

직업상의 이유로 필자는 때때로 내가 있는 세계와 다른 세계로 발을 들이게 될 기회가 있다. 그 결과 체면이고 뭐고 따지지 않고 부자가 되고 싶다고 마음먹게 되었다. 지금까지는 조금 변변찮더라도 나름 마음이 훈훈해지는 생활을 보내왔지만, 현대 사회는 생각 이상으로 혹독한 면이 있다. 돈이 없으면 이것도 못하고 저것도 할 수 없다. 예전보다도 돈이 없으면 할 수 없는 일이 점점 늘어나서 가난하면 멋진 인생을 사는 것도 불가능한 시대가 되었다.

돈이 많으면 얼마나 좋은지는 여기서 굳이 쓸 필요도 없겠지만, 무엇보다도 부자는 자신이 살고 싶은 대로 자유롭게 살아갈 수 있다는 점일 것이다. 대부분의 경우 부자가 되면 이전보다도 더 많은 돈을 벌게 된다. 그래서 솔직한 마음을 담아 말해본다.

"나도 돈을 많이 벌고 싶다. 부자가 되고 싶다."

독자들로부터 부자들의 행동이나 생각, 그리고 가난한 사람의 행동이나 생각이 어떻게 다른지 알고 싶다는 요구를 많이 들어왔다. 그 두 유형의 사람들에 대해 곰곰이 생각해보니 확실히 크게 다른 점이 있었다. 또한 부자들에게는 공통되는 생각이나 행동들이 있다는 것을 하나둘 알게 되었다. 일을 하는 것, 아니 삶을 살아가는 것은 하나하나 선택을 거듭하는 것이다. 부자가 되는 사람은 항상 놀라울 정도로 '부자가 되는 방향'을 선택해 나아간다. 그런 모습을 보는 사이에 나는 부자가 되기 위한 선택의 가장 중요한 점이 어떤 것인지 확신을 갖게 되었다.

부자들은 주변의 의견이나 일반적인 사례와 같은 남의 잣대에 휘둘리지 않고 철저하게 자신의 의지를 관철해나간다. 그들은 자신만의 뚜렷한 기준이 있고 언제 어떤 경우에도 그 기준에 따라 행동한다. 편의점에서 커피를 살 것인가 말 것인가 하는 아주 작은 일에서부터 회사를 그만둘 것인가 계속 다닐 것인가 하는 중요한 일까지,

자기 스스로 생각하고 흔들림 없이 자신의 길을 결정한다. 이렇게 목표를 향해서 꿋꿋이 나아가지 않으면 아무리 세월이 지나도 부자가 되기 위한 출발점에도 설 수 없다.

가난을 모르면 부자가 될 수 없다

단언하건대 내가 지금까지 취재해온 부자 중에서 이전에 가난하지 않았던 이는 한 명도 없었다. 메이지 시대의 억만장자 혼다 세이로쿠本多清六는 "누구든 빠르든 늦든 한 번은 반드시 가난을 경험해야 한다"고 했다.

실은 아주 최근에 나는 중소기업의 경영자를 위한 '돈의 조달'에 관한 책, 조금 고상하게 말하자면 '경영자금 또는 운영자금을 어떻게 얻어낼 것인가' 하는 것을 주제로 한 책의 작업에 착수했다. 뛰어난 경영컨설턴트인 A를 취재할 때 듣기로는 그 또한 "돈 때문에 고생을 하는 건 경영자에게 빼놓을 수 없는 경험이다"라고 곧잘 말한다고 한다.

A의 실력을 가장 크게 발휘할 수 있는 건 중소기업 경영자의 가장 큰 고민 중 하나인 사업 계승, 즉 자식에게 회사를 물려주는 일이라고 한다. 대부분의 경우 앞으로도 회사가 성공을 계속 이어갈 수 있는지, 부자로 남을 수 있을지의 여부가 여기서 결정된다.

앞에서 언급한 비즈니스호텔의 사장인 E도 한숨을 내쉬며 "우리 아들은 돈 때문에 고생한 적이 없어서 말이지…"라는 말을 곧잘 했다. E의 아들은 부잣집에서 태어나 미국에서 유학을 가서 경영학을 배웠다고 한다. 주위에서 볼 때 일류 경영자의 길로 곧장 나아가는 것처럼 보인다. 그에 비해 오랫동안 고생을 해서 부자가 된 E는 바로 그 점이 걱정이라며 초조해했다.

우리 세대는 부모나 선배로부터 '젊을 적 고생은 사서도 한다'는 말을 들으며 컸다. 고생을 한다는 건 결코 나쁜 것도 아니고 부정적인 것도 아니다. 고생을 하는 사이에 우리가 상상하는 것 이상으로 중요한 것을 느끼고 배우게 되기 때문이다.

지금 가난한 사람은 어떤 의미에서는 귀중한 기회를

얻고 있는 중이라고 생각해도 좋다. 무엇보다도 고생을 하지 않으면 돈의 힘도, 돈의 소중함도 진정으로 이해할 수 없다. 막연하게 돈은 없는 것보다 있는 게 좋다고 생각하는 정도로는 부자가 될 수 없다. 돈의 소중함을 진정으로 아는 것은 앞으로 부자가 될 것인지 가난한 사람으로 남을 것인지의 여부를 가르는 매우 중요한 포인트다.

일개 자전거 가게에서 세계의 자동차기업으로 일궈낸 혼다의 창업자 혼다 소이치로本田宗一朗는 "사람은 가난을 경험함으로써 진정한 기쁨과 슬픔을 느끼게 된다"고 했다. 이 말에는 깊은 뜻이 담겨 있다. 성공해서 부자가 된 사람들의 가장 큰 공통점으로는 무엇보다도 사람의 마음을 중히 여긴다는 것이다.

이는 깊이 생각해보지 않아도 알 수 있는 일이다. 어떤 사업을 하더라도 상대에게 깊이 호소해 마음을 얻어내지 못하면 그들의 지지를 얻을 수 없다. 사업의 성공은 상대의 마음을 얼마나 얻느냐에 결정되는 법이다.

매월 새로운 호텔을 개장하며 호전적으로 사업을 확장하고 있는 APA호텔의 모토야 후미코元谷芙美子 사장은 호텔 회사를 막 일으켰을 당시 호텔계에 있어서 신진 기업이었던 APA호텔의 강점, 즉 세일즈 포인트는 '진심'밖에 없다고 생각했다.

그리고 진심을 전할 수 있는 방법으로 떠올린 것이 종이학이었다. 처음에는 사장 자신의 손으로 하나하나 직접 접었고, 그것을 본 직원들도 거들어 함께 종이학을 접었다고 한다. 지금은 경쟁 업체에서도 종이학을 접어 모객을 하는 곳도 있어 그 의미가 많이 퇴색되었지만, 사업의 성공 여부를 결정짓는 것은 최초의 첫발을 내딛는 것에 달려 있다. 그런 점에서 처음으로 이 서비스를 도입한 모토야 사장의 뛰어난 수완을 알 수 있다. 참고로 어느 TV 프로그램에 의하면 모토야 후미코 사장의 급료는 5억 엔 정도라고 한다.

사실은 누구나 부자가 되고 싶어한다. "부자가 되고 싶어." "어떤 일이 있어도 반드시 부자가 될 거야." 이런 생각을 한 번도 해본 적 없는 사람이라면 지금 당장 책을 접어도 좋다. 하지만 그런 사람은 아마도 없을 것이다. 사람들 중에는 '난 그냥 평범하게 살 수 있으면 그걸로 충분해'라거나 '부자가 되는 건 하늘의 별따기야. 나하고는 관계없는 이야기지. 부자가 되는 건 포기한지 오래야'라고 생각하는 사람들 있을 것이다. 하지만 그런 사람도 '부자가 되고 싶지 않다'고 생각하지는 않는다.

마음속 깊은 곳에는 분명 '부자가 되고 싶다'는 마음이 존재한다. 나도 이전에는 '부자가 되고 싶다고까지는 생각하지 않는다'고 착각하고 있었다. 하지만 부자들과 만날 기회가 많아지면서 사실은 자신의 진심을 외면하고 있었을 뿐이며 속마음을 드러내더라도 '부자가 되고 싶다'고 노골적으로 말하거나 돈을 많이 벌겠다는 태도를 보이는 것이 교양 없는 행동이나 품격을 떨어뜨리는 행동이라고 착각하고 있었을 뿐이라는 것을 알았다.

지금 솔직한 기분을 말하자면, '부자가 되고 싶어!' '반드시 부자가 될 거야!' 이게 거짓 없는 진심이다. 자신이 어떤 삶을 살고 싶은지 생각하고, 바라며, 그 바람을 이루는 것. 사람이 살아가는 이유라고도 할 수 있을 것이다. 어떤 의미에서 사람은 누구나 자신이 진심으로 바라는 것을 실현하기 위해서 노력하며 살아간다. 부자가 되고 싶다고 생각한다면 부자가 되는 일에 중점을 두고 살아야 한다.

부자가 되기 위해 첫발을 내딛기 위해서는 우선 '부자
가 되고 싶다'는 자신의 간절한 마음을 인정하고 목표로
삼아야 한다. 목표가 확실하게 정해지지 않으면 앞으로의
삶에서 계속 마음이 흔들리기 때문이다.

스가와라 게이

차례

제1원칙

월급의 노예가
되지 않는다

01))))

일을 소유하는 사람, 일에 소유당한 사람

심리 실험이 증명하는 '보상의 효과'

심리학의 대가 에드워드 데시Edward Deci 교수는 '자기결 정이론self-determination theory'의 창시자로 유명하다. 그는 '소 마 퍼즐 게임'을 통해 재미있는 사실을 발견했다. 실험은 이 러했다.

대학생 실험군을 A와 B 두 개의 그룹으로 나눈다. 그리 고 소마 퍼즐우리에게는 흔히 칠교놀이로 알려진 아동용 블록 퍼즐을 입체로 구현했다고 생각하면 된다. - 역주을 풀도록 지시한다. A 그룹에는 퍼즐 조각으로 하나의 모양을 완성할 때마다 1달러를 주겠다고 약속한다. 하지만 B 그룹에는 아무런 보상을 제시하지 않았다.

데시 교수는 두 그룹에 각각 시간을 주어 퍼즐을 맞추도록 했고 한참 후 "이제 실험이 끝났으니 잠시 대기해달라"는 부탁과 함께 자리를 비웠다. 그런데 재미있는 일이 벌어졌다. A 그룹은 데시 교수가 사라지자 즉시 퍼즐 맞추기를 중단했다. 하지만 B 그룹은 혼자 남겨진 상황에서도 퍼즐 조각으로 여러 가지 시도를 하며 계속해서 창의적인 결과물을 만들어냈다.

실험을 진행하기 전으로 돌아가보자. A와 B 중 어느 그룹이 퍼즐을 더 열심히 맞출 것 같은가? 아마도 A 그룹이 보상을 받기 위해 적극적으로 참여할 것이라고 추측하기 쉬울 것이다. 하지만 실제는 정반대였다. B 그룹의 학생들은 실험 감독관이 자리를 비운 사이에도 퍼즐을 더욱 즐겼으며 자발적으로 몰입했다.

이렇듯 '보상이 주어질수록 자발성이 감소하는 현상'은 수많은 직장인에게도 나타나고 있다. '일을 향한 열정'은 입사 당일에 최고점을 찍은 후 근속연수가 길어질수록 하향

세를 그린다는 농담이 있다. 그런데 이런 농담을 실제로 겪는 이들이 적지 않다. 처음에는 의욕에 가득 차 상사가 시키지 않은 일도 스스로 해내려고 노력한다. 그런데 어느 순간부터는 마음가짐이 달라진다. 인사고과에 반영되는 업무, 인센티브가 주어지는 업무에만 흥미를 보이고 보상이 주어지지 않는 업무에 대해서는 시큰둥한 태도를 보인다. "돈도 안 되는 일을 왜 해?"라는 말이 입에 붙는다.

주어진 일만 하는 사람은 주어진 급여만 받게 된다

돈이 되지 않는 일을 하지 않는 것은 나쁜 자세가 아니다. 오히려 부의 철학을 가진 부자들은 '돈으로 환산되지 않는 활동은 취미생활일 뿐 일이라 할 수 없다'고 생각한다.

문제는 '당장 돈이 되는 일'만 해서는 절대로 부의 사다리를 오를 수 없다는 점이다. 우리가 살고 있는 사회는 '자본주의 사회'다. 노동자는 노동을 통해 임금을 받는다. 하지만 자본가는 노동하지 않는 동안에도 자신이 소유한 자산을 통해 부를 늘릴 수 있다. 자산에는 빌딩, 공장, 토지 같은 것이 있지만, 지식 기반 사회에서 가장 중요한 자산은 바로 '지식' 그 자체다.

K는 20대 프로그램 개발자다. 신입 시절, 그는 특별히 못나지는 않았으나 주목 받지도 못하는 평범한 사원이었다. 그런데 그에게는 한 가지 습관이 있었다. 집에서 쉬는 동안에도 프로그램을 짜는 것이었다. 회사 업무를 처리한 것은 아니다. 그는 운동을 좋아했고 조깅, 러닝, 하프마라톤 동호회에서 오랫동안 활동해왔다.

그런데 동호회 모임에 참석하다 보니 어떤 문제를 발견하게 되었다. 동호회 내에서 회원끼리 모여서 함께 달리는 일이 종종 있었는데 초보자의 경우 '내가 다른 사람들의 페이스를 맞추지 못해 폐가 될 거야'라며 참석을 꺼렸다. 중급자에게도 애로사항은 있었다. 일반인 동호회에서 수준급 실력을 가진 사람은 소수였고, 이들은 자신과 비슷한 레벨의 회원을 찾는 데 어려움을 겪고 있었다.

K는 간단한 어플을 만들어보기로 했다. 스마트폰에서 어플을 켜고 달리면 자신의 이동 경로와 시간 등의 데이터

가 확보된다. 이를 이용해 평균 속도, 총 이동 거리 등을 분석한다. K는 이것을 간단한 등급으로 정리했고, 어플을 사용하는 이용자 중에서 비슷한 등급의 사람과 '매칭'되도록 했다. 어느 소개팅 어플의 기능을 기초적인 수준에서 따라 한 것이었다.

어플은 동호회를 중심으로 소소하게 퍼져나가기 시작했다. 그리고 개발이 1년도 지나지 않아 K에게 스카우트 제의가 왔다. 어느 스포츠 용품 브랜드에서 '러닝 클럽'을 만들려고 하는데 기획자 겸 개발자로 참여하지 않겠냐는 제안이었다. K는 흔쾌히 수락했고 '총괄팀장'이라는 직책과 상당한 수준의 계약금을 받으며 자리를 옮겼다. 만약 이전에 다니던 직장에서 주어진 업무에만 성실했다면 결코 얻을 수 없었을 기회였다.

내 사업을 한다는 것

부자가 되기 위해서 반드시 자기 소유의 사업을 시작할

필요는 없다. 사업은 리스크가 큰 도전이다. 그러나 K처럼 우연한 기회를 얻어 더 나은 급여를 받는 것이 아니라 적극적으로 부를 축적하기 위해서라면 자기 사업을 하는 것에 관심을 가지는 것이 바람직하다. 부자학 권위자인 토머스 스탠리Thomas Stanley와 세라 스탠리 팰로Sarah Stanley Fallow는 저서 《이웃집 백만장자 변하지 않는 부의 법칙Next Millionaire Next Door》을 통해 이렇게 말한다.

> 최근 우리가 설문 조사했던 백만장자 표본에서 자영업자들의 소득은 직장인들의 소득 중앙값의 1.5배가 넘었다. 실제 순재산에서 예상 순재산을 뺀 값은 평균적으로 자영업자들이 직장인들의 2배가 넘었다.
> —《이웃집 백만장자 변하지 않는 부의 법칙》 중에서

그렇다면 사업을 한다는 것은 무엇일까? 회사를 퇴직하고 프리랜서로 일하면 사업을 하는 것일까? 작은 가게를 열어 사장이 된다면 사업을 하는 것일까? 물론 전부 사업이라 할 수 있지만, 부자가 되기 위한 사업은 '시스템을 만드는

과정'이라고 봐야 한다. 프리랜서나 자영업자는 자신의 노동력을 투입해야만 돈을 벌 수 있다. 인간의 노동력은 무한하지 않다. 하루 중 일할 수 있는 시간은 정해져 있고, 아무리 열심히 할지라도 혼자서 10명 몫의 일을 처리할 수는 없다.

그러나 시스템이 갖춰진다면 상황은 달라진다. 시스템을 통해 젊은 나이에 억만장자가 된 사례로 엠제이 드마코 MJ DeMarco를 들 수 있다. 그는 리무진 운전기사였던 그는 'Limos.com'이라는 혁신적인 차량 예약 사이트를 만들었다. 서비스는 엄청난 호응을 얻었고 그는 단숨에 부자의 대열에 들어섰다.

메이크업 아티스트인 J도 비즈니스를 통해 부를 쌓았다. 그는 뛰어난 솜씨와 세련된 감각으로 인정받아 고객 한 명당 수만 엔의 가격을 받았다. 하지만 J가 혼자 응대할 수 있는 고객의 수는 많지 않고 매일 13시간씩 일하느라 지치기 일쑤였다. 그는 혼자 일하던 방식에서 벗어나 직원을 뽑기 시작했다. 자신은 고객에게 어울리는 메이크업 스타일을 상담하고, 실제 메이크업은 교육받은 직원들이 수행하도록 했다. 이제 10명의 직원을 거느리고 있는 그는 일하는 시간을 획기적으로 줄였지만 이전에 비해 7배가 넘는 소득을 올리고 있다.

위의 두 사례가 가진 공통점은 무엇일까? 바로 '자신의 노동력을 한계까지 끌어올리지 않고도 돈을 벌 수 있는 시스템을 세웠다'는 점이다. 드마코가 계속해서 운전기사로 근무했다면, J가 1인 아티스트로 일했다면 그들은 자신의 노동력만큼, 즉 한정된 만큼의 돈만 벌게 되었을 것이다. 하지만 그들은 자신의 노동력을 투입하지 않아도 되는 비즈니스 모델을 찾았다. 사업을 시작한 초기에는 무척 바빴겠지만 시간이 지날수록 그들이 직접 처리해야 하는 업무의 절대량은 줄어들었다.

게다가 '자기 사업'이라는 것은 본디 자발적 활동일 수밖에 없다. '보상의 효과'에 익숙해져 단기적 성과만 바라보는 것과는 반대로 장기적이고 능동적인 에너지로 움직이게 된다. 일을 소유하는 것. 이것이야 말로 부를 실현하기 위한 가장 빠른 길이다.

단 7%의 사람만
제안한 요구

돈이란 무엇인가

"돈이란 무엇입니까?"라고 질문하면 뭐라고 답하겠는가. 동전이나 지폐를 꺼내 보일 수도 있고 '물건 값'이라고 말할 수도 있을 것이다. 부자들은 돈이 무엇이라고 생각할까?

T는 일류로 손꼽히는 셰프다. 어릴 때는 가난한 티가 난다는 이유로 친구들 앞에서 도시락을 꺼내기 부끄러워 할 정도로 어려운 생활을 했지만 지금은 본인 소유의 거대한 레스토랑을 운영하며 여러 외식업체를 컨설팅하기도

하는 성공한 사업가가 되었다.

어느 날 T를 만나 그가 가진 '돈의 철학'을 듣게 되었다. 그는 이렇게 말했다. "고객들이 음식을 먹고 내는 돈은 음식의 맛과 서비스에 대한 대가입니다. 우리 레스토랑의 음식은 다소 높은 가격이지만 그만한 가치를 담고 있습니다. 그래서 아무도 비싼 값에 불평하지 않지요. 그러니까 돈이란 곧 '가치의 표현 수단'인 것입니다."

T는 이어서 말했다. "이것은 아주 중요한 이야기입니다. 나는 외부 컨설팅을 할 때도 내가 받을 컨설팅 비용을 높게 부릅니다. 내가 그만한 가치를 제공한다고 생각하기 때문입니다. 만약 상대방이 동의하지 않을 경우에는 계약하지 않으면 그만입니다."

T의 발언에는 중요한 교훈이 담겨 있다. 직장인이든 프리랜서든 혹은 사업가든, 우리가 부자가 되기 위해서는 노동이나 서비스, 제품을 제공하고 그 대가로 누군가로부터 돈을 받아야 한다. 그런데 항상 헐값만 받는다면 어떻게 될까? 처음에는 '저 사람은 참 저렴하고 좋은 값에 일해주는구나'라는 평가를 받을 수 있겠지만 나중에는 그것

이 자신의 '본래 가치'가 되어버린다. 어떤 과일가게에서 "지금까지는 특별히 염가에 판매하던 사과를 오늘부터는 제값에 드리겠습니다"라고 하면 손님들은 "그동안 저렴하게 사서 감사했습니다"라고 말하기보다는 "이제부터는 비싸서 이용하지 말아야겠네요"라고 생각하는 법이다.

아무도 하지 않은, '더 받고 싶다'는 당연한 제안

자신의 가치를 주장하지 못하고 정당한 대가를 받지 못하는 현상은 남성보다는 여성에게 흔히 일어난다. 여성은 부모와 사회로부터 "착해야 한다"거나 "자기주장이 강하면 안 된다"는 무의식적인 메시지를 주입받았기 때문이다. 임상심리학자인 윌리엄 페즐러William Fezler가 주장한 '착한 여자 콤플렉스'도 이런 맥락에서 떠올릴 수 있다.

임금 협상에 관한 린다 뱁콕Linda Babcock의 연구는 놀라운 결과를 보여준다. 그는 비슷한 수준의 남성과 여성 사이에 임금 격차가 있다는 사실을 발견하고 그 원인을 찾아보기로 했다. 그리고 그 원인이 '협상'에 있음을 밝혀냈다. 임금 협상 시 남성은 57%가 "더 높은 보수를 받고 싶습니다"라고 제안했지만, 여성은 단 7%만이 같은 요구를 했다.

어느 20년차 헤드헌터는 이렇게 말한다. "기업은 절대 처음부터 적정한 보수를 제시하지 않습니다. '협상'에 응하기 위한 여지를 남겨두어야 하니까요." 이는 다수의 인사담당자를 통해서도 확인되는 사실이다. 그런데 93%의 여성과 43%의 남성은 이런 불합리한 조건을 아무런 협상 없이 받아들이는 것이다.

협상 테이블에서 자신의 적정 가치를 주장하고 그에 맞는 대우를 받아내는 사람과 그렇지 못한 사람의 격차는 시간이 지날수록 더욱 커지기 마련이다. 일본은 '평생직장 문화'가 가장 강력하게 자리 잡은 나라 중 하나였지만 이제는 이직을 꿈꾸는 사람이 늘어나고 있다. 취업 전문 회사인 리크루트 커리어에 의하면 2017년 4월에서 2018년 3월까지 한 해 동안 29.7%의 취업자가 더 높은 급여를 받으며 이직했다고 한다. "저는 이 정도의 돈을 받아야 한다고 생각합니다"라고 표현했다가 거절당할 것이라는 두려움에서 벗어나는 것이 당신을 부자의 길목으로 이끌어준다.

나의 한계를 정하지 마라

정당한 대가를 받기 위해 협상이라는 게임에 임할 각오가 되었는가? 그렇다면 다음의 조언을 명심하기 바란다. '나의 한계를 정하지 마라'는 것이다.

어느 사무원이 "나는 내년에 1억 엔을 벌고 싶어"라고 말하면 "프로 야구선수도 아닌데 무슨 소리야"라는 대답을 듣게 될 것이다. 우리는 업계 표준 임금이나 회사의 평균 급여라는 기준에 맞춰 자신의 미래 몸값을 책정한다.

하지만 이런 편견에 얽매인 상태라면 절대로 '상식을 뛰어넘는 부자'가 될 수 없다. 무턱대고 터무니없는 요구를 하라는 뜻이 아니다. 처음부터 '나의 최대치는 여기까지야'라고 생각하면 그보다 못한 결과만이 나올 뿐이니 사고의 틀을 확장시키라는 의미다.

나의 가치를 올리기 위한 방법은 직장이나 부서 이동

이 될 수도 있고, 자격증이나 학위 취득이 될 수도 있다. 올바른 답을 찾기 위해서는 올바른 질문을 해야 한다는 말이 있다. 나의 한계치를 뛰어넘겠다는 목표를 세우고 나서야 우리는 그에 맞는 방법을 탐색할 수 있게 된다.

03

진짜 문제는 '낮은 임금'이 아니다

업계 최고 대우를 버리고 나온 직장인

부자가 되기 위해서는 '월급쟁이'로 남으면 안 된다는 뜻일까? 반드시 그렇지는 않다. 월급쟁이로 살면서도 충분히 부자의 반열에 오르는 사람들이 있다.

자신의 연봉에 100점 만점을 주고 만족하는 사람은 거의 없을 것이다. 하지만 급료는 자기 자신의 현실이며, 또한 자신의 실력을 나타내는 하나의 지표이기도 하다. 그렇다면 급료가 적다거나 대우가 나쁘다는 말을 하는 것은 자기 자신을 부정하는 것과 다름없지 않을까.

　자신의 현재 상태에 불만을 가지는 것은 누워서 침 뱉는 것과 같다. 불만은 가급적 쌓아두지 않아야 한다. 이것은 매우 중요한 일이다. 불만을 쌓아두면 어느 순간 감당할 수 없게 되어 자포자기하듯이 회사에 사표를 내던지게 되고 결국 모든 걸 잃게 되기 때문이다.

　현재의 생활은 지금 받고 있는 급료가 있기에 성립되는 것이다. 자신과 자신의 가족이 그 돈이 있기에 사람다운 삶을 살 수 있음을 인지하고 불평이나 불만을 줄이자. 그리고 급료가 적다는 말 대신 이번 달도 월급을 받았다는 것에 감사하자. 진심이 담기지 않은 겉치레라도 좋다. 그래도 불평을 하는 것보다는 감사를 하는 것이 자신에게 훨씬 큰 도움이 된다. 감사를 하면 자연스럽게 이걸로 충분하다는 마음이 생기며 만족하게 된다.

　사실 나는 이전에 누구나 부러워할 대기업의 사원이었다. 연봉도 업계 최고였지만 어느 날 갑자기 그만뒀다. 정확히는 그만둬버렸다. 이유는 상사의 괴롭힘 때문이었다. 결코 존경할 수 없는, 아니 존경하고 싶다는 생각조차 하기 싫은 상사의 말에 따라 일을 하고 싶지 않았기 때문이다. 지금 생각해 보면 젊고 혈기가 넘쳤기에 가능한 일이었다. 지금도 때때로 아주 멍청한 실수를 저질렀다고 생각할 정도다. 그리고 지금 다시 생각해보면 상사가 나를 괴롭혔던 것은 내게도 잘못이 있었기 때문이었던 것 같다. 하지만 당시의 나는 마음속에 불만이 가득했기에 다른 이유를 찾지 못했고, 결국 퇴사하는 것만이 유일한 방법이었다.

퇴사를 하고 나서도 적게나마 밥을 먹고 다닐 정도는 벌었다. 비교의 문제이기에 부자라고는 할 수 없지만 딱히 가난하다고도 생각하지 않는다. 그렇기는커녕 좋아하는 일을 나만의 페이스에 맞춰 일을 하고 있다. 이 자유와 편안한 마음을 고려하면 그때 그만둬서 다행이라고 생각한다.

내일 당장 사표 낸다는 마음이라면

지금 하고 있는 일이나 급료에 불만이 있어 푸념을 하는 사람에게 일을 그만두라고 말하면 '회사를 그만두면 생활이 힘들어진다'며 오히려 화를 내는 경우가 있다. 당장 그만두라고 부추기려는 마음은 없지만, 단순히 돈을 버는 것이 가장 큰 문제라면 조금 시점을 바꿔보는 것도 좋다.

지금은 어떤 일을 하더라도 충분히 먹고 살 수는 있는 시대다. 조금 달리 말하자면 무엇이든 직업이 될 수 있는 시대라고도 할 수 있다. 내게 필요 없는 것이나 일부의 마니아들이 원하는 것을 인터넷으로 판매함으로써 큰돈을 버는 사람도 있고, 유튜버가 되어 돈을 버는 사람도 있다. 또, 단순히 놀이라고만 생각했던 게임으로도 큰돈을 벌 수 있는 시대이다. 게임은 이제는 e-스포츠라고 불리며 세계에서는 연봉 2억 엔, 3억 엔을 받는 프로게이머도 있을 정도다.

일본의 인터넷 기반 기업인 라이브 도어의 전 CEO인 호리에 다카후미堀江貴文의 주 수입원도 메일 매거진과 온라인 모임이며, 이것만으로 연봉 2억 엔 가까이 된다고 한다. 발상을 바꿔보면 새로운 길은 반드시 보인다. 최근 알게 된 80세에 가까운 한 여성은 집에 있는 컴퓨터를 이용해서 주식을 매매하는 것으로 아무런 부족함 없이 생활하고 있다. 얼마 되지 않는 연금에 매달리지 않고 자신이 돈을 벌 수 있는 방법을 찾아 부족함 없는 생활을 누리는 사람도 있는 것이다.

만약 자신이 월급이 부족하다며 매일 같이 불평을 털어놓고 있다면, 그 불만이 정말로 월급을 향한 불만인지 찬찬히 생각해보자. 안정된 직업, 망할 것 같지 않은 회사에 근무하고 있다면 퇴직은 최후의 수단이라고 생각하는 것이 좋다. 그만두는 게 어떠냐고 쓴 것은 반은 본심이고 나머지 반은 홧김이다. 퇴직을 할 정도의 각오가 있다면 굳이 회사를 그만두지 않더라도 무엇이든 할 수 있기 때문이다.

내일 회사를 그만두겠다는 마음을 가지고 있으면 지금껏 아무 말도 못했던 상사에게 확실하게 자기주장을 내세울 수 있게 된다. 큰맘 먹고 말을 하고 나면 상사 또한 당신을 다르게 보게 될 것이고 그로 인해 서로의 관계에도 변화가 생길 것이다. 그런 경험이 쌓이면 자신이 가지고 있던 불만도 작아진다. 그러면 어느 순간 급료는 변함이 없는데도 불평을 내뱉는 일이 없어질 것이다. 이처럼 돈의 불만이 반드시 본질적인 불만이 아니었음을 깨닫게 된다.

그러고 보면 여태까지 부자들과 이야기를 할 때 그들이

불만을 입으로 내뱉는 걸 본 기억이 거의 없다. 그들은 불만의 본질이 자기 자신이 만족할 수 있는 수준에 이르지 못했기 때문임을 알고 있는 것이다. 자신의 상황에 불평하고 싶어지면 자기 자신과 마주보자. 그러면 자신에게 결여된 것은 무엇이고 넘치는 것은 무엇인지 알 수 있다. 그런 일을 통해 자신을 더욱 성장시키자. 부자는 그런 일을 보다 빨리 해온 사람들이라고 할 수 있다.

고소득 전문직만
부자가 될 수 있다는 착각

"노래 잘 부른다고 돈이 되겠어?"

당신이 부자가 되기를 꿈꾸는 스무 살 청년이라고 가정해보자. 당신의 목표는 오로지 부자가 되는 것이다. 그렇다면 어떤 직업을 선택해야 할까?

보통은 이런 질문을 받으면 의사, 변호사, 교수, 투자 애널리스트, 혹은 최신 인기 직종인 빅데이터 사이언티스트라고 답한다. 이 직업들의 공통점은 '고소득'이다. 돈을 많이 벌면 그만큼 빠르게 부를 축적할 수 있다. 이것은 너무

나 당연한 산수 계산이다.

　그렇다면 부자가 되기 불리한 직업이 따로 있을까? 주변에서 흔히 볼 수 있는, 그다지 고소득이 아닌 것으로 보이는 대부분의 직종이 답변으로 나올 것이다_{어떤 사람은 자신의 직업을 대답할 수도 있다}. 부자가 되기를 바라는 사람이라면 소득을 기준으로 직업을 고르는 경향을 보인다. 자신이 노래를 잘 부른다거나 자동차 브랜드에 흥미가 있다는 사실은 직업 선택과 무관한 문제라고 여긴다.

　그런데 소득 중심의 직업 선택에는 주의해야 할 함정이 있다. 직업에 따른 소득이란 해당 직업을 가진 사람들이 받는 '평균 임금 수준'을 뜻한다. 즉, 내가 그 직업을 가졌다고 해서 반드시 그 임금을 받게 된다는 말은 아니다.

평범한 주부에서 월 100만 엔 버는 가드닝 디자이너로

　L은 평범한 30대 주부로 두 아이를 낳아 육아에 전념하고 있었다. 가정은 평온했고 아무런 문제가 없었다. 그러던

어느 날 L의 남편이 월급을 제때 받아오지 못하는 일이 생겼다. 남편은 엔지니어로 일하고 있었는데 건설 경기 불황이 이어지며 일감이 점차 줄어들었고 다니던 회사가 어려워지기 시작한 것이다.

L은 남편을 위해 도시락을 쌌다. 현장 업무가 많은 남편은 점심 때 주로 외식을 해왔지만 식비를 아끼기 위한 결정이었다. 남편도 지출을 크게 줄이며 검소한 생활을 시작했지만 형편은 나아지지 않았다. 아이들이 클수록 들어가는 돈은 늘었고, 부부는 한 푼도 저축하지 못하는 처지에 놓였다.

하루는 L이 친하게 지내던 이웃집을 방문했는데 이웃집 부인이 이렇게 말했다. "기르는 화분마다 너무 잘 시들어. 이참에 방문 관리 서비스를 신청할까봐." 이웃집 부인은 사교적인 성격으로 집에 손님이 자주 찾아왔다. 사람들과 테이블 주위에 둘러앉아 티타임을 즐기는 그 부인은 거실을 꾸미기 위해 인테리어 서비스에 상당한 비용을 지불할 마음이 있었다.

결혼 전부터 작은 규모의 홈 가드닝을 즐겨왔던 L은 부인에게 자신이 화분을 맡아보겠다고 제안했다. 부인은 L의 실력을 흡족해했고 자신과 친분이 있는 부유층 부인들에게 L을 소개해줬다. 몇 년이 지난 현재 L은 방문 가드닝 서비스와 원예 교육 사업으로 엔지니어인 남편보다 세 배가 넘는 돈을 벌고 있다.

고소득 전문직의 함정

원예나 가드닝은 흔히 '고소득'이라고 했을 때 떠올리는 직종이 아니다. L도 식물을 기르는 자신의 취미가 돈벌이로 활용되리라고는 생각하지 못했다. 그러나 L은 섬세한 성격으로 식물을 가꾸는 일에 뛰어났으며 미적 감각이 탁월해 조경을 아름답게 꾸미는 데 재능이 있었다.

《부자들의 선택The Millionaire Mind》의 저자 토머스 스탠리Thomas Stanley가 실시한 조사에 따르면 백만장자 가운데 무려 81%가 능력과 적성을 최우선으로 고려해 직업을 선택했다고 한다. 또한 영국의 취업 전문사이트 아론 윌리스

Aaron Wallis가 발표한 보고서에 따르면 전 세계 최상위권 부자 가운데 대학 졸업자는 75%였으며, 그들이 가장 많이 전공한 학문은 공학과 경영학이었다. 거대한 부를 쌓은 이들은 자신이 잘하고 좋아하는 일을 지속하면서 성장의 기회를 찾은 사람들이었던 것이다.

자신의 성향을 고려하지 않고 직업을 정하면 성공 확률이 크게 줄어든다. 반면 자신에게 잘 맞는 일에 매진한다면 상위 1%의 스페셜리스트가 될 수 있다. 그러고 나면 경제적 보상은 충분히 따르기 마련이다.

부의 제1조건은 직업 아니라 '영업력'

그러니 "나는 전문직종이 아니라서 부자가 될 수 없어"라며 일찌감치 포기하는 것은 어리석은 결정이다. 다만 어떤 직업에 종사하는지와 상관없이 성공하기 위해 반드시 깨달아야 하는 '부의 스킬'이 있다. 무엇이든 팔 수 있는 능력, 즉 영업력이다.

사회학자인 라이너 지텔만Rainer Zitelmann은 자수성가한 슈퍼리치들의 직업을 조사했다. 그의 연구는 최소 1천만 달러에서 최대 30억 달러의 재산을 모은 슈퍼리치를 대상으로 이뤄졌는데, 놀랍게도 이들은 대부분 영업사원으로 일한 경력이 있다는 공통점을 보였다. 또한 영업사원으로 일했다는 응답자의 70%가 '영업력이 나의 성공에 결정적 기여를 했다'고 믿고 있었다.

스타벅스의 경영자인 하워드 슐츠Howard Schultz, 넷플릭스의 창업자인 리드 헤이스팅스Reed Hastings, 월스트리트의 신화 조지 소로스George Soros, 골드만삭스의 전 사장 도키 다이스케土岐大介. 이들 역시 자신의 커리어 초기에 최전방에서 영업을 경험했다.

영업을 해보는 것과 부자가 되는 것은 어떤 상관관계를 가지고 있을까? 영업을 통해 배우는 대부분의 노하우는 부자가 되는 과정에 그대로 적용된다. 예를 들면 다음과 같다.

- 대화(협상, 설득)

- 인간관계(신뢰, 네트워크)

- 트렌드(기회 포착, 정보 취득)

- 숫자 감각(실적과 이익 중심의 사고방식)

　글로벌 기업 CEO 중 30% 이상이 영업자 출신이라는 통계가 있다. 평범한 주부였던 L이 인기 있는 가드닝 디자이너로 성공하고 자기 소유의 아카데미를 설립하게 된 과정에도 영업이라는 요소는 분명히 작용했다. 처음에는 이웃집 부인이 잠재고객을 소개해줬지만, 그들을 만나 신뢰를 주고 장기적인 관계를 이어나간 것은 결국 L의 역할이었다. L은 이렇게 말한다.

　"저는 처음에 아무런 경력이 없었고, 누군가에게 도움이 될 수 있다는 사실만으로도 기뻐하며 일했어요. 그러나 동시에 저의 능력과 감각을 믿었죠. 비즈니스라고 생각하지 않고 진심을 보이면서도 자신감을 잃지 않았던 것. 나중에 돌이켜보니 이것이 저의 가장 큰 세일즈 포인트였어요."

05

돈이 되지 않는 일을 하겠다고?

스스로 '열정 페이'를 추구하는 어리석음

블랙기업과 노동 착취가 사회적 문제로 떠오른 적이 있다. 블랙기업이란 젊은 구직자들을 소모품으로 취급하며 노동력은 물론 심각한 경우 정신력과 목숨까지 갉아먹는 악덕 기업을 말한다. 한편 노동 착취는 '네가 좋아하는 일이니까 경험 삼아 낮은 임금에 일해 보면 어때?'라고 제안하는 것을 뜻한다.

그런데 반대의 경우도 있다. 자기 스스로 자신의 가치

를 헐값에 내놓으려는 사람도 있는 것이다. C는 동물을 사랑하는 30대 후반의 여성이다. 그는 보호소에서 지내다가 안락사라는 최후를 맞이해야 하는 유기견의 삶에 대한 칼럼을 읽은 것이 계기가 되어 유기동물을 위한 일을 시작해야겠다고 결심했다. 그러나 수의학을 배운 것도 아닌 C가 돈을 받고 할 수 있는 일은 많지 않았다. 그는 "동물을 사랑하는 마음으로 살고 싶다"며 작은 비영리 단체에서 무급으로 일하기 시작했다. 시간이 지나 명함도 생겼고 지역에서 나름 유명한 활동가가 되어 언론과 인터뷰를 하기도 했지만, 10여 년의 세월 동안 고정적인 소득을 받은 기간은 극히 드물었다. 그는 자신의 일이 봉사활동과 직업활동의 중간쯤에 있다고 느낀다.

A는 C보다는 조금 나은 처지다. 어쨌거나 정해진 월급을 받고 있기 때문이다. 10대 시절부터 애니메이션을 동경하던 중 애니메이터가 되겠다는 꿈을 품고 작화가가 된 그는 매일 12시간씩 주말도 없이 일했고, 한 달 동안 무려 340시간이 넘는 근무 기록을 세웠다. 문제는 그의 연봉이 120만 엔 이하였다는 점이다. A는 처음에 "내가 가장 존경

하는 제작사에서 일할 기회를 얻는다는 것만으로도 너무 행복했다. 돈은 중요하지 않다고 생각했다"고 말했으나 최저 시급에도 미치지 못하는 보수를 받는 나날이 지속되자 점차 회의감을 가지게 되었다.

"나는 돈에 신경 쓰지 않아"라는 거짓말

어느 클리닉 경영자가 이렇게 말했다. "돈은 아무래도 좋다며 '이 일이 좋아서 계속 하고 싶을 뿐'이라는 말을 입에 담는 사람을 나는 높게 평가하지 않는다."

화가, 도예가, 드라마 작가, 다큐멘터리 촬영감독…. 이런 예술과 관련된 일을 선택한 사람 중에는 '돈은 괜찮다'라는 말을 하며 그것을 자랑으로 삼는 사람이 적지 않다. 하지만 그런 생각을 가지고 있는 한은 도예가로서도 촬영감독으로서도 자신이 하고 있는 일의 본질을 이해하고 있다고 할 수 없다.

"성공하기를 바라지 않는다. 자신이 납득할 수 있는 성과를

냈다면, 그걸로 충분하다"고 반론하는 사람도 있을 것이다. 하지만 사람의 본질은 사회적으로 살아갈 때 비로소 만족할 수 있음을 간과해서는 안 된다. 누군가가 '그거 참 좋다'고 말해주는 것이 얼마나 큰 기쁨을 주는지는 SNS 전성기라고 할 수 있는 현 시대를 살아가는 사람들은 잘 알고 있을 것이다.

일이란 애초에 자기만족을 추구해서 성립하는 것이 아니라, 무언가를 제공했을 때 상대가 기뻐하거나 평가해줌으로써 성립되는 것이다. 현대에서는 그 평가가 대체로 '돈'이라는 형태를 띠고 있다. 그러므로 '좋은 일'은 돈이 되는 일이라고 생각해도 무방하다.

"좋아하는 일을 하면서 살 수 있다면 돈은 아무래도 좋아요." 이런 말은 그 일을 하는 다른 사람들에게 매우 실례되는 말이 아닐까 한다. "돈은 가장 공평한 가치 기준입니다." 호리에 다카후미는 이렇게 말했다. 나는 최근의 호리에의 삶의 모습이나 생각에 강한 흡인력을 느끼고 있다. 이전의 호리에에게는 반감을 가지는 사람도 적지 않았지만, 그가 형무소에서 지내는 동안 많은 것을 얻고, 동시에 불필요한 것들을 버리고 온 후로는 많이 바뀌었다.

하고 싶은 말을 거리낌 없이 하기 때문에 적도 많이 만드는 듯하지만, 그의 말이 신경 쓰이는 것은 중심을 꿰뚫고 있어서 뼈아프게 받아들이게 되기 때문일 것이다. 그중에서도 나는 돈은 가장 공평한 기준이라는 말에 마음 깊이 동감했다.

일을 하고 제값을 받는다는 것은 제대로 평가받는 것이라고 인정하는 솔직함이 필요하다. "돈은 아무래도 좋아"라거나 "돈을 벌고 싶어서 이 일을 하는 게 아니에요"라고 말하는 건 자신이 하고 있는 일이 사회적으로 높게 평가되지 않으며, 그다지 많은 사람이 원하는 일이 아니라고 자신의 입으로 설토하는 것과 다름없다. 그런 태도로 일을 하는 건 자기 자신을 소중히 여기고 있지 않다고 공언하는 것과 같다.

돈을 잘 버는 사람을 존경하기도 하고, 몰래 질투하기도 한다. 잘 팔리는 책의 저자는 역시 대단하다고 느낀다. 그만큼 많은 사람의 마음을 사로잡았다는 것이기 때문이다. 새삼 자신의 역량이 부족함을 절실하게 느끼게 된다. 그러나 이런 존경심이나 질투는 결코 부정적으로 여겨야 하는 감정이 아니다. 오히려 다음 기회를 잡을 수 있도록 나 자신을 북돋는 원동력이 되기도 한다.

세 개의
월급통장

돈 들어오는 길을 넓혀라
- -

평범한 사람의 수입원은 딱 한 가지로 정해져 있다. 직장인이라면 회사에서 받는 월급일 것이고, 자영업자라면 가게 매출액이 그 달의 수입이 된다.

업무 때문에 처음 만난 S는 마케팅 회사에서 일하는 기획자였다. 가벼운 옷차림에 린넨 가방을 즐겨드는 그는 검소해보였다. S의 새로운 면을 알게 된 것은 그와 친해지고 나서 집으로 놀러가게 되었을 때였다. S의 집은 상상 이상으로 근사한 단독 주택이었다.

건축이나 인테리어 잡지에서 소개할 것처럼 생긴 그 집은 보통의 직장인이 살만한 곳이 아니었기 때문에 매우 놀라며 "너 부자였구나?"라고 물어볼 수밖에 없었다. S는 "월급만으로는 이렇게 비싼 데 못 살지"라고 답하며 이렇게 말했다. "나는 항상 2~3개의 방법으로 돈을 벌고 있어. 월급은 그중 가장 작은 부분이야."

이날 이후 여러 부자를 취재하며 한 가지 발견을 하게되었다. S뿐만 아니라 매우 많은 부자들은 '세 개의 월급통장'을 가지고 있다는 사실이다. 부자들이 3개의 직장에서 근무하고 있다는 말은 아니다. 여기서 월급통장이란 '돈이솟는 샘'이라고 보면 된다.

당신은 경제적 안정망을 가졌는가

첫 번째 샘은 역시 가장 일반적인 수입원인 '직장에서 나오는 소득'이다. 부자들은 상당한 부를 축적한 후에도 S

처럼 직장생활을 유지하는 경우가 많다. 고정적인 소득이 가져다주는 안정감과 직장을 통해 얻을 수 있는 복지제도 때문이다.

그렇다면 두 번째 샘은 무엇일까? '부업'을 통해 얻는 소득이다. 여기에서 부업이란 본업에 비해 시간과 노력을 적게 들이면서도 조금이라도 돈을 벌 수 있는 일이어야 한다. 시간과 노력이 적게 들어가기 때문에 처음에 시시한 액수밖에 벌어들일 수 없겠지만, 이 활동을 꾸준히 이어나가는 데 포인트가 있다.

웹에서 소설을 연재하는 Y가 그런 케이스다. 그는 낮 동안 물류회사의 관리자로 일하지만 저녁이면 집으로 돌아와 작가로 변신한다. 그는 학교생활을 소재로 한 작품을 연재하고 있는데, 처음에는 주목받지 못했지만 어느덧 연재 사이트에서 랭킹 중위권에 올랐고 출판도 하게 되었다. 그는 지난 해 연 400만 엔의 부수입을 얻었으며 3년 내로 A급 작가가 되겠다는 목표를 세우고 있다.

시간이 흘러 안정적으로 자리를 잡은 부업은 본업의 수익을 앞지르기도 한다. 또한 본업을 유지하면서 부업을 병행한다면 갑작스러운 실직과 같은 상황에서 기댈 수 있는 '경제적 안정망'이 생긴다. 본업으로는 안정적인 생활을 유지하면서 부업으로 발생한 소득은 저축이나 투자, 비상금으로 자유롭게 활용할 수 있다.

모든 것을 돈으로 바꾸는 훈련

마지막 '돈이 솟는 샘'은 단발성 사업이다. 사업이라고 하면 너무 거창하니 '돈벌이' 정도로 이해해도 좋다. 이것은 전혀 예상하지 못한 곳에서 수익을 발견하는 방법으로, 정기적이지도 않고 예측할 수도 없지만 많은 부자들이 굉장한 재미를 느끼는 활동이다.

금융권에서 일하는 J는 팔방미인으로 유명하다. 클래식 음악, 현대 미술, 발레 등 예술에 대해 폭넓은 시야를 가지고 있다. 그러나 J가 가장 좋아하는 활동은 '이게 돈이 될까?'라고 생각되는 일에 도전하는 것이다.

한번은 J가 젊은 미술가들의 공동 작업실에 방문한 적

이 있다. 그리고 그곳에서 쓰다만 페인트통, 찢어진 캔버스처럼 버리기 직전의 잡동사니들을 보았다. J의 눈에 그 물건들은 쓰레기가 아니었다. J는 잡동사니들을 사진으로 찍어 자신의 SNS에 '창작의 흔적'이라는 태그와 함께 올렸다.

며칠 후 J는 자신의 고객인 한 자산가가 독특한 콘셉트의 카페를 차리고 있다는 말을 들었고, 자신의 SNS 사진을 보여주며 "이것들을 사서 소품으로 쓰면 어때요?"라고 제안했다. 자산가는 잠시 고민하더니 흔쾌히 수락했다. J는 미술가들에게 '돈을 받고 쓰레기를 버릴 수 있다'는 말을 해 어리둥절하게 만들었고 거래가 끝난 후 판매 대금의 일부를 나누어받았다.

이외에도 J는 아이디어가 떠오를 때마다 소소한 '사업'을 벌였다. J의 이런 습관은 큰 부자로 알려진 할아버지의 가르침 때문이었다. 할아버지는 항상 "돈과 전혀 관련이 없는 것을 돈으로 만들어낼 방법을 찾아라. 가치 없어 보이는 것을 돈으로 바꾸려면 어떻게 해야 할지 찾아라"고 강조했다.

현재 30대 후반인 J는 3년 후 금융사를 퇴직하고 작은 사업을 시작하기 위해 준비하고 있다. 모든 순간에서 '돈 벌 기회'를 탐지하고, 이를 행동으로 옮기는 실행력까지 갖춘 J는 이미 완벽히 훈련된 '예비 부자'였다.

푼돈에 까다롭고
큰돈에 과감하다

알뜰하게 모아야 부자가 된다는 오해

돈은 쓰면 쓸수록 늘어난다

부자를 거론할 때는 조조타운ZOZOTOWN의 마에자와 유사쿠를 빼놓을 수 없다. 그는 틀림없는 일본 유수의 거부다. 하지만 마에자와는 '항상 돈이 없다'고 천연덕스럽게 말한다. 실제로 그는 '돈을 전혀 저축하지 않는다'고 한다. 매년 들어오는 주식 배당 수입만 해도 약 35억 엔이라고 하는데 대체 왜 항상 돈이 없다고 하는 걸까? 그 답은 황당할 정도로 간단하다. "원하는 게 너무 많아서 이것도 저것도 다 사버려요."

마에자와는 현대 미술이나 골동품, 가구, 자동차 등을 사는 데 돈을 쓴다고 한다. 한편, 금융 상품이나 부동산 투자, 가상통화 등 돈을 불려주는 것에는 전혀 관심이 없다고 한다.

돈을 모으려고 하지 않고, 손에 쥔 돈은 자신이 좋아하는 것이나 자신이 열중할 수 있는 것에 주저 없이 전부 써버린다. 이건 부자가 되고 난 후의 습관이 아니라, 부자가 되기 전인 고등학교 시절에도 마찬가지였다고 한다. 아르바이트로 번 돈은 전부 레코드나 악기를 사는 데 들이부었다고 한다. 좋아하는 일을 하는 데 돈을 쓴다. 그 열정을 에너지로 바꿔 일을 하는 데 사용하면 지금껏 쓴 돈 이상의 돈을 벌 수 있다.

레코드나 음악에 빠져 온라인 판매를 시작했고 그렇게 현재의 조조타운의 비즈니스 모델이 탄생하게 된 것은 유명한 일화다. 최근 장 미쉘 바스키아Jean Michel Basquiat의 그림을 123억 엔에 구매한 것이 뉴스로 나왔지만, 이 무모할 정도의 씀씀이가 조조의 이름도 마에자와의 이름도 세계에 퍼지게 했다. 123억 엔을 사용한 것으로 조조의 세계 진출의 장벽을 없앴다고 해도 과언이 아닐 정도의 효과를 얻었다는 것이다. 하지만 마에자와에게 그런 타산적인 생각은 털끝만큼도 없었다. 결과론이지만, 과감하게 돈을 씀으로써 마에자와는 더 큰 비즈니스의 기회를 얻을 수 있는 가능성을 손에 넣은 것이다.

돈은 쓰면 쓸수록 늘어난다. 이건 마에자와가 좋아하는 자신만의 금언이라고 한다. 그의 삶을 보면 확실히 설득력이 있는 듯하다. 마에자와는 사원들에게 이런 말을 자주한다고 한다. "우선 지금 자신이 쓸 수 있는 한계까지의 돈을 다 써봐라." 10만 엔을 벌었다고 치자. 하지만 그중 1만 엔밖에 사용하지 않으면 자신이 상상할 수 있는 범위 내의 체험밖에 하지 못한다. 하지만 10만 엔 벌은 그 날에 10만 엔을 전부 사용하면, 그건 지금까지 경험하지 못했던 일을 체험을 얻게 되는 것이다. 그 체험은 분명 이제껏 알지 못했던 세계를 보여줄 것이다. 새로운 체험을 하게 되고, 그 체험이 자신이 성장하는 양식이 되며, 새롭게 돈을 벌어줄 힘이 된다는 뜻이다.

08

아무데나
굴러다니는 볼펜

몽블랑 vs 100엔 숍 볼펜

십여 년 전, '중졸 사장'이라고 불리며 미디어를 떠들썩
하게 만든 어느 사장님을 취재한 적이 있다. I는 10대 때 말
썽을 일으켜 학력은 중졸에 불과하다. 그는 한 도편수^{목수}
_{의 우두머리}에게 은혜를 입고 개심해, 제자로 들어가 3년 후
인 18세에 독립했다. 그 후로 순조롭게 사업을 성장시켜 갔
으며, 40대가 될 때쯤에는 전국에 발을 뻗은 주택 메이커로
성장시킨 걸물이다.

그를 만나 성공 비결을 취재할 때마다 그는 온갖 고급 브랜드 물품으로 자신을 감싸고 있었다. 볼펜 하나조차도 범상치 않아 보였다. 일반인과는 다른 소비 수준에 놀라 나는 주변사람에게 "그 정도 되면 용돈이 억 단위겠어"라고 농담하고는 했다.

모든 취재가 끝났을 때 그는 그동안 감사하다며 작은 상자를 건넸다. 열어 보니 몽블랑의 '마이스터스튁'이었다. 몽블랑의 볼펜 중에서도 최고급 클래스로 10만 엔은 쉽게 넘어가는 물건이었다. 고맙게도 각자의 이름까지 새겨져 있어서 한층 더 감격했다. 하지만 그때 나는 고마운 마음을 가지면서도 한편으로는 부끄럽기 짝이 없었다.

나는 볼펜도 100엔 숍, 취재 노트도 100엔 숍에서 산 것을 주로 썼다. '잘 써지면 됐어' '메모를 할 수 있으면 충분해'라며 기능성에 중점을 뒀다고 핑계 아닌 핑계를 댔지만, 사실은 '매번 잃어버리니까 100엔짜리로 충분해'라는 안일한 선택을 하고 있었다. 생각해보면 100엔 숍이 지금처럼 대중적이지 않았을 적에는 나도 문구 전문점에 가서 쓰기 편한 물건을 사고는 했다. 샤프는 3천 엔 정도의 것을 샀고,

볼펜도 1만 엔 이상 하는 크로스의 볼펜을 샀었다. 하지만 추락은 모르는 사이에 시작되어 모르는 사이에 진행되었다. 어느 순간 정신이 들고 보니 필통 속에는 샤프도 볼펜도, 삼색 볼펜마저도 100엔 숍에서 산 것들 뿐이었다.

몽블랑 펜을 통해 무언가를 깨닫게 된 것은 시간이 한참 흐른 후였다. 나는 100엔 숍에서 산 볼펜을 항상 며칠 만에 잃어버리고는 했는데, 몽블랑은 달랐다. 틀림없이 이 볼펜은 평생 쓸 물건이다. 그제야 '싼 물건을 사는 것이 꼭 알뜰한 것은 아니다'는 I의 가르침을 느낄 수 있었다.

무엇보다 100엔 숍의 물건과는 필감이 전혀 다르다. 스윽스윽 흘러가는 듯이 써지며, 잉크가 응어리지는 일은 전혀 없다. 그뿐만 아니라 다른 사람들 앞에서 메모를 하는 일이 많은 내 업무를 생각했을 때 100엔 숍에서 산 볼펜을 쓰는 것은 '100엔짜리 작가'라고 '자백'하는 것과 다름없다글 쓰는 사람들 사이에서는 실력 없는 작가를 '100엔짜리 작가'라고 자학적으로 부른다. 이런 불편한 마음이 분명 상대에게도 전해졌을 것이다. 무엇보다 몽블랑은 꺼낼 때마다 큰 만족감을 느끼게 하고, 그 기분은 일을 하는 자세를 바로잡아준다.

사소한 물건도 무심하게 고르지 않는다

부자를 목표로 삼았다면 싼값에 현혹되지 말고 자신이 긍지와 자신감을 가질 수 있는 등급의 물건을 골라 사용하자. 고작 볼펜 하나를 고르는 데 거창한 소리를 한다고 생각하는 이도 있을 것이다. 하지만 부자들은 볼펜 하나조차도 아무것이나 고르지 않는다는 것을 명심하자.

I는 기업을 일으킨 후 가정교사를 동원해 열심히 공부하여 고졸인정시험^{한국의 검정고시와 같음 - 역주}을 합격한 후 수험을 봐서 명문대학에 입학했다. 바쁜 가운데에도 개근상을 받을 정도로 꾸준히 등교해 졸업 후는 대학원에 진학, MBA까지 취득했다. 운전수가 모는 전용차를 타고 다녔기에 대학 수업에는 차를 타고 가서 수업이 끝날 때까지 운전수와 차를 대기시켜 두었다가 수업이 끝나면 바로 회사로 돌아가는 생활을 했다고 한다. 그래도 바쁘기 그지없는 사장의 업무와 대학 생활을 양립하는 것은 쉽지 않은 일이었을 것이다.

그것을 훌륭하게 해내는 한편 비즈니스도 부쩍 성장시

키며 부동산 사업뿐만 아니라 호텔 경영으로도 사업의 폭을 넓혀 '중졸 사장'이라는 호칭을 반납한 지금도 순수하게 비즈니스의 힘만으로 미디어에 곧잘 등장하고 있다. 부자로서의 위상도 계속해서 오르고 있는 것은 두말할 필요가 없다.

싸구려로 집을 가득 채우다

볼펜에 집착하는 것 같지만, 조금 더 이야기를 들어주길 바란다. 몽블랑을 얻은 후로부터 나는 100엔 숍의 볼펜을 쓰는 것이 싫어졌다. 하지만 당시 내 주위에 있던 것은 100엔 숍 볼펜뿐이었다. 게다가 매우 많았다. 시험 삼아 개수를 세어보니, 업무방의 책상 주위에 있는 것만 10개 정도였고, 그 외에 현관 쪽에 있는 작은 서랍에도 4개, 거실의 TV 앞에도 3~4개가 있었다. 스스로도 놀랄 만큼 많았다.

최근에는 3개를 묶어서 100엔에 파는 것도 있어서 점점 늘어난 것이지만, 그래도 너무 많았다. 그 외에 가위도 10개

정도, 스테이플러도 5~6개가 있었다. 싸다고 해서 무감각하게 돈을 쓴 것인데 깨닫지 못하는 사이에 엄청난 낭비를 하고 있었던 것이다. 이렇게 산 물건은 전혀 소중히 여기지 않는다. 그래서 눈에서 잠깐만 보이지 않아도 금방 새로운 걸 사게 된다. 그리고 그 행동을 반복한다. 나처럼 심하지는 않더라도 비슷한 사람이 꽤나 많을 것이라 생각한다.

적어도 자신이 하는 일에 관련된 물건만이라도 자신이 마음 깊이 납득할 수 있는 물건을 골라서 애착을 가지고 오랫동안 써보자. 그런 작은 습관 하나가 부자가 되는 문을 열어줄 것이다.

중요한 것은 가격과 품질의 균형
- -

'걸어 다니는 미스터 수백만 엔'이라는 별명이 있는 부자인 W는 50대에 들어선 남성으로 매우 멋진 느낌을 풍기는 중년이다. 게다가 '걸어 다니는 미스터 수백만 엔'이라는 별명이 있는 만큼, 머리부터 발끝까지 고급스런 물건들로

몸을 두르고 있다. 예를 들면, 청바지도 구찌를 입는데 그 가격은 30만 엔은 쉽게 넘는 물건이다.

도쿄의 명품점에서 쇼핑을 한 적밖에 없는데, 파리의 콜렉션에 초대받은 적이 있다고 할 정도이니, 얼마나 많이 샀을지 짐작이 갈 것이다. 그런 W는 이렇게 말한다.

"솔직히 내가 사는 물건이 상당히 고가라는 건 알고 있습니다. 세계의 유명한 명품을 사는 경우도 많습니다. 그 이유는 명품이야말로 돈의 가치를 최대한으로 쓸 수 있는 것이기 때문입니다. 상당히 고가의 물건이지만 그에 걸맞는 품질을 가지고 있어 절대로 가격을 배신하지 않습니다. 쓸데없는 물건을 사거나 후회할 만한 곳에 돈을 쓰고 싶지 않다 보니, 필연적으로 일류 브랜드점에 가게 되는 것이죠."

퀼리티와 가격의 밸런스가 잡혀 있다면 그건 결코 '고가'가 아니다. 오히려 타당한 소비라고 그는 주장한다. 타당함이란 이치로 보아 옳다는 의미다. 흔히 '저렴한 가격'을 '합리적'이라는 말로 수식하고는 하지만 본래는 가치에 합당한 가격, 납득할 수 있는 가격이 진정 합리적인 가격일 것이다.

'경제권'은 누구에게도
절대 넘기지 마라

'용돈'을 받아서 쓰겠다고?

명품을 사서 쓰는 부자 이야기를 한 후에 직장인의 용돈에 대해 말하는 것이 인색하게 느껴질 수 있지만, 꺼내지 않을 수 없는 문제이다. 다수의 기혼자가 '배우자에게서 용돈을 받는 시스템'이다.

"때로는 고급 정식을 먹고 싶지만 내 용돈으로는 좀 부담스러워."

"한잔 더 하러 가고 싶지만 다음 달 용돈을 받기 전까지는 계속 참아야 해."

기혼자들 사이에서는 이런 이야기를 곧잘 듣게 된다. 하지만 이 말을 만일 다른 문화권의 사람이 듣는다면 분명 머릿속에 물음표를 떠올릴 것이다. 배우자에게, 특히 남편이 아내에게 용돈을 받는 시스템은 동양에 한정된 기묘한 풍습이다.

지금은 일본에서도 두 가정 중 한 가정이 맞벌이를 하는 시대가 되었지만, 대부분 두 사람의 수입을 배우자 중 한 명이 받아서 관리하고, 다른 한 사람에게는 용돈을 주는 형태를 취하고 있다. 하지만 자신이 일해서 번 돈은 어디까지나 자신의 돈이다. 그러한 사고방식이 훨씬 바르고 건전하다.

가정을 가지면 그 나름의 생활비가 필요해진다. 아이가 있으면 아이의 교육도 부부가 공동으로 책임지게 된다. 그렇다고 해서 한 명의 돈을 전부 빼앗아 다른 이가 그 돈으로 용돈을 주는 시스템을 간단히 받아들여서는 안 되는 것이다.

맞벌이라면 함께 가계비를 내고 남은 건 각자 관리해야한다. 아내가 전업주부일 경우에도 남편이 생활비를 부담하고 남은 돈은 자신이 쓰고 싶은 곳에 쓰는 형태가 자연스러운 것이며, 당연한 것이라는 인식을 가져야 한다.

기혼자들은 좀 더 자신이 번 돈에 집착할 필요가 있다. 자신이 힘들게 번 돈은 전부 자신의 돈이라고 확실하게 말할 수 있는 기개를 가져야 한다. '가족의 생활은 내가 지킨다'는 마음은 한 집안의 기둥인 당신의 마음을 든든하게 해줄 것이다.

부자가 되기 위해서는 이런 강한 마음과 동시에 자신감이 충만해야 한다. 돈을 모두 상대에게 줘버리는 것은 자신감까지도 어딘가로 사라져버리게 만드는 일이 될 것이다.

기혼자 평균 용돈은 약 3만 7천 엔

용돈의 액수가 솔직히 말해 상당히 적다는 현실에 대해서도 생각해보자. 신세이은행新生銀行의 2017년 조사에 따르면 직장을 다니는 기혼자의 용돈 액수는 3만 7천 428엔이라고 한다. 전년도에 비해 44엔 줄은 금액이다. 놀랍게도 1979년의 조사 개시 이래 두 번째로 낮은 금액이다. 게다가 이 용돈에는 점심 값도 포함된 것이라고 하니 어쩐지 눈물이 나올 것 같다.

수입은 늘지 않는데 아이가 성장함에 따라 그에 필요한 돈은 점점 늘어만 간다. 그러다 보니 배우자는 '우리의 용돈을 줄여야겠어'라고 말한다. 혹독한 현실 때문이라고는 하지만 어느 정도 자유롭게 쓸 수 있는 돈을 가지고 있지 않으면 사람은 점점 작아지게 된다.

똑똑한 부부라면 각자의 용돈을 삭감하지 않고, 무언가 다른 방법으로 가계비를 줄이는 방법을 생각할 것이다. 물론 이상적인 이야기라는 것은 알고 있지만, 월 4만 엔 정도의 용돈을 받아서 그 돈으로 점심까지 사 먹으면 집에 돌아오면서 술 한잔하는 것도 쉽지 않다. 이런 생활 속에서 과연 인간관계를 넓히고, 자기계발에 투자할 수 있는 길이 있을까.

이렇게 말할 수도 있을 것이다. "무언가를 배우기 위해

학원을 다녀야 한다면 별도의 예산을 마련할 수도 있을 것이다." 그런데 학생이 아닌 직장인의 자기계발이란 책상에 앉아서 하는 공부의 형태로만 실현되지 않는다. 평소의 관심사와 취미가 발전해 자신만의 특기가 되는 경우가 더 많은 것이다.

세계적인 미래학자 다니엘 핑크Daniel Pink는 하이콘셉트high concept와 하이터치high touch가 미래의 지식 노동자에게 필요한 요건이라고 지적한다. 하이콘셉트는 일종의 민감성과 창조성이라고 할 수 있다. 사회 트렌드를 파악하고, 아이디어를 결합해내는 능력이다. 하이터치는 인간관계에서 발휘되는 공감 능력이라고 생각하면 쉽다. 미래 사회에서는 '감성'이 발달한 사람에게 기회가 열린다는 뜻이다.

그런데 이러한 능력은 일상 속에서 다양한 활동을 경험할 때 길러진다. 유행하는 노래를 듣고, 논란의 중심에 선 영화 작품을 보며 주변 사람들과 토론한다. 친구와 함께 새로운 장소에 방문하고 그곳에서 낯선 문화를 체험한다. 이러한 활동이 모여 인간은 사회적 감수성을 기를 수 있다.

사회인에게 용돈은 '낭비하는 돈'이 아니다. 자기 자신을 위한 투자자금이자 일종의 군자금이다. 군자금이 적으면 당당하게 싸울 수가 없다. 무엇보다 주머니 사정이 힘들면 사람은 자신감이 떨어진다. 부자가 되는 첫 걸음은 자신감을 가지는 것이다. 자신감이 충만해서 당당하게 행동하면 점점 큰일을 하게 되고, 차츰 부자에 가까워지고 있다는 생각에 더욱 자신감이 붙게 될 것이다. 이런 자신감의 상승효과를 결코 쉽게 봐서는 안 된다.

10

내 지갑 속 돈은
누가 다 가져갔을까?

돈은 혼자 있는 것을 싫어한다

일본을 대표하는 투자가이자 펀드 운영자로서도 이름을
날린 무라카미 요시아키村上世彰의 아버지는 "돈은 외로움을
잘 탄다"고 항상 말했다고 한다. 그 말의 진짜 의미는 돈은
혼자 있는 것을 싫어해서 동료가 있는 곳으로 가길 원한다
는 것이다. 그래서 동료를 모으면돈을 저축하면, 그 동료가 또
다른 동료를 부르면서 점점 늘어난다고 가르쳤다고 한다.
철이 들기도 전에 이런 금전 교육을 받으며 자랐으니, 무라

카미가 성장해서 세계에 나가 돈을 모으고, 돈을 키우는 일류 투자가 된 것도 어쩌면 당연한 일이라고 할 수 있겠다.

또 다른 어느 부자는 이렇게 말했다. "돈은 외로움을 잘 타서 항상 돈에 대해 생각하는 사람의 곁에 있고 싶어 해요." 즉, 돈은 돈에게 사랑을 듬뿍 쏟아주는 사람의 곁에 가고 싶어 하며, 그 곁에 머무르고 싶어 한다는 것이다.

돈은 돈을 사랑하는 사람에게 모인다

사람들은 은행이나 ATM에서 돈을 인출해서 아무렇게나 지갑에 넣고는 물론 필요에 따른 것이겠지만 너무 간단하게 돈을 쓴다. 그러다가 어느 순간 지폐 한 장만 달랑 남은 것을 깨닫고는 "어라, 언제 돈을 다 썼지?"라며 놀란 경험이 다들 한 번쯤은 있을 것이다. 적어도 나는 그런 경험이 있다. 아니 항상 그런다. 나는 그만큼 돈 씀씀이가 헤프고, 계획적이지 못하다며 반성하고 있다. 가계를 맡고 있는 입장이라면 가능하면 매일 돈을 쓴 것에 대해서는 대략적으로라도 메모를 하고, 오늘 얼마를 썼는지 어느 정도 파악하고 있는 것이 좋다.

부자 중에도 머니클럽을 사용하는 사람이 있지만 돈을 지불할 때 남은 지폐를 빠르게 체크한다고 한다. 프리랜서로 수입의 시기도 액수도 불안정한 나는 가계부는 쓰고 있지 않지만 큰돈이 나갈 때는 수첩에 기록해 두고 있다. 세밀하지 못한 성격인지라, '책 3권에 5천 500엔' 정도로 어설픈 기록이지만 그래도 기록을 하기 시작한 후로 매월 미리 설정해둔 예산을 넘기지 않으면서 생활하게 되었다.

이런 것이 습관이 되면서 가계 관리가 가능해진다기보다는 돈 씀씀이가 점점 돈을 아끼게 된 것 같다. 메모를 하면서 '이건 꼭 필요한 지출이었어'라거나, '이건 굳이 사지 않아도 됐는데'라고 생각하게 되는 것이다. 힘들 게 번 소중한 돈이다. 헤프게 쓰지 말고 의미 있는 곳에 쓰자. 평소 이런 것을 의식하면서 애정을 담아 돈을 마주하면 돈은 또다시 내 곁에 돌아올 것이다.

11

소심함을
감추려고 내는 '한턱'

단 15분으로 10년 후를 예측하는 실험

"오늘 1만 엔을 줄게. 대신 내년까지 기다리겠다고 하면 2만 엔을 줄게." 이런 말을 들었을 때 당신은 1만 엔을 받겠는가, 아니면 1년을 기다렸다가 그 2배인 2만 엔을 받겠는가. 이건 상당히 어려운 문제다.

내일 당장 어떤 일이 일어날지 알 수 없다. 확실한 건 지금 이 순간이라고 생각해서 오늘 1만 엔을 받는 것을 선택했다면, 아쉽지만 당신은 부자가 될 가능성이 크지 않다. 이

건 실험에 의해 확실히 증명된 사실이다.

1960년, 스탠포드대의 월터 미셸Walter Mischel 박사는 4살이 된 아이들을 모아서 다음과 같은 실험을 했다. 월터 박사는 아이들의 앞에 마시멜로를 1개씩 두고 이렇게 말했다.

"나는 일이 좀 있어서 방에서 나가야만 해. 15분 후에 돌아올 거야. 내가 돌아왔을 때 만일 마시멜로가 있다면 그때는 마시멜로를 하나 더 줄게. 즉, 15분 동안 마시멜로를 먹는 걸 참으면 넌 마시멜로를 두 개 먹을 수 있는 거야. 알겠지?"

그리고 박사는 방에서 나간다. 실제로는 옆방에서 몰래 아이들이 어떤 행동을 하는지 관찰했다.

대부분의 아이들은 박사가 사라지자마자 마시멜로를 먹어버렸다. 매우 적은 수의 아이가 마시멜로를 손에 쥐어보거나, 냄새를 맡아보거나, 또는 접시에 돌려놓았다. 치마로 문질러 보는 아이도 있었고, 마시멜로를 손에 쥐고 걸어 다니는 아이도 있었다. 결국 15분간 먹지 않고 참은 아이는 약 4분의 1이었다. 네 명 중 한 명이 먹지 않은 것이다.

월터 박사의 실험은 그 후 아이들의 삶을 추적하는 방대하고 끈기가 필요한 것이었다. 14~15년 후, 마시멜로를 먹은 아이들과 먹지 않았던 아이들의 대학 진로 적성검사의 결과를 비교해보았다. 그 후로도 어떻게 다른지 정기적으로 살폈다. 그 결과 먹지 않았던 아이들은 금세 먹어버린 아이들과 비교해서 다음과 같은 특성을 가지고 있음이 증명되었다.

- 대학 진학 테스트의 결과가 좋았다.
- 중년에 되었을 때 비만지수가 낮았다.
- 자존감이 높았다.
- 스트레스를 잘 대처한다.
- 소득이 높다.

이 결과로부터 월터 박사는 이런 결론을 내렸다. "미래에 보다 큰 성과를 내기 위해서 자신을 컨트롤할 수 있는 능력, 즉 자제심은 인생에 있어서 성공을 좌우하는 매우 중요한 능력이다." 오늘 1만 엔을 받는 것보다 1년 후의 2만 엔을 받는 것을 기다려야 한다. 당신이 2만 엔을 받는 것을 선택했다면, 기뻐해도 좋다.

'잘 쏘는 사람'의 숨겨진 본심

"좋아. 오늘은 내가 쏜다! 다들 실컷 마셔!"라며 허풍을 떠는 사람이 있다. 한턱내는 일을 자주 반복하는 사람은 배포가 크고 활달하고 분명 부자가 될 거라는 인상을 받기 쉽지만 실제로는 그렇지 않은 경우가 많다.

"어제 경마에서 이겨서 오늘 내가 쏜다." "오늘은 네가 이 팀에 들어온 지 1년째 되는 날이야. 알고 있었어? 별 거 아니지만 오늘은 내가 한턱낼게." 이런 식으로 무언가 이유가 있는 경우는 별개다. 하지만 잠깐 차를 한잔 했다거나, 점심을 같이 먹었을 뿐인데 자신이 연상이라거나 상사라는 이유로 자신이 꼭 사야만 한다고 생각하는 사람, 또는 자신이 사는 게 멋지다는 선입견을 가진 사람은 결코 큰 인물이라고 할 수 없다. 오히려 소심한 사람에 가깝다.

소심한 모습을 감추고 남에게 베푸는 게 버릇이 된 사람. 이런 사람의 심리 속에는 돈을 내는 것으로 상대보다 자신이 우위에 서 있고 싶다거나, 상대와의 관계를 이어 가려는 보잘것없는 계산을 하는 경우가 많다.

이전에는 사회가 연공서열을 중시했기에 나이가 많은 사람이 급료도 많이 받고, 직책이 높으면 회사에서 약간의 교제비 같은 것을 주었다. 그래서 상사나 선배는 부하나 후배에게 베푸는 것이 암묵적인 룰이 되었다. 하지만 이제는 시대가 바뀌었다.

직장에서의 상하 관계의 차이도 사라지고 있으며 급료도 능력에 따라 달라지는 경우가 많기 때문에 나이가 많거나 회사에서 직책이 높다고 해서 반드시 베풀어야 할 이유는 사라졌다. 이유도 없이 그저 베푸는 나쁜 습관은 빨리 버려야 한다.

스마트하고 품격 있는 더치페이 방법

부자들은 그런 시대의 변화를 민감하게 받아들이기에 처음부터 자신의 몫은 자신이 지불하는 것을 당연하게 생각한다. 그래서 모임을 마칠 때, "여긴 내가…" "아니 내

가…"라는 소리를 하며 계산서를 서로 주고받는 추태를 보이지 않는다. 부자들은 어떤 경우에도 돈과 관련된 일에서 행동이 매우 세련되고 스마트하다.

예를 들어 자리를 뜰 때 대체로 자신의 몫이라고 생각되는 금액보다 조금 많은 돈을 내고 "그럼 또 보자"라고 말하며 경쾌하게 자리를 뜬다. 또는 계산대에 가서 "따로 계산할게요"라고 말한다. 최근에는 상인들도 이런 걸 잘 알고 있어서 각 사람 분을 잘 나눠서 계산해준다. 그렇지만 고급 레스토랑 같은 곳에서 각자 계산하는 건 그 가게의 격에 맞지 않는다. 이런 경우에는 마음을 다잡고 "오늘은 내가 살게"라며 한턱내는 게 스마트하고 품격 있다.

약간의 지출은 있을지 몰라도 '괜찮은 사람'이라는 인상을 줄 수 있다. 그건 결코 약간의 돈으로는 살 수 없는 것이다. 말 그대로 약간의 손해로 큰 이득을 본 것이다. 부자는 이런 부분도 매우 스마트하다.

제3원칙

50세까지 버는 돈은
모두 써버린다

저축액만 많다고
부자가 아니다

20~30대부터 노후를 대비하는 요즘 세대

최근에는 젊은 세대, 그중에는 취직을 했을 때부터 돈을 착실하게 저축하는 사람들이 있다. "우리가 늙었을 때는 연금 같은 건 없을 것이다. 기댈 수 있는 건 돈뿐이니 지금부터 착실하게 모으자"는 마인드 같다.

하지만 내가 아는 파이낸셜 플래너는 이렇게 말했다. "20대 때부터 노후를 위해 돈을 모으는 사람은 결코 부자가 될 수 없다." 그 최대 이유는 바뀌는 것이 사회보장의 구조뿐만이 아니기 때문이라는 것이다. 앞으로의 사회는 지금까지처럼 처음

근무했던 회사에서 정년까지 지내는 것은 어려워 질 것이다.

사회는 끊임없이 변화하며, 그에 따라 회사도 변해 간다. 반대로 말하자면, 변하지 않는 회사는 살아남을 수 없다. 이러한 변화에 대응할 수 있도록, 지금부터는 무엇보다도 자기 자신의 능력을 기르는 것이 중요하다.

더욱이 20~40대의 저축 실정은, 저축을 전혀 하지 못하는 경우가 많고, 2018년 5월의 조사에 따르면 20대는 35.6%, 30대는 33.7%, 40대는 33.7%가 저축을 하고 있다고 한다.

저축액의 평균은 20대 이상의 가정은 77만 엔, 30대는 200만 엔, 40대는 220만 엔이라고 한다. 더불어 50대에는 400만 엔, 60대는 601만 엔이다_{금융광보중앙위원회 〈가계의 금융 동향에 관한 여론조사〉, 2018년 5월}.

가장 확실한 미래 준비법
- -

부자를 목표로 하고 있다면 다른 사람보다 훨씬 뛰어난

점을 몸에 익혀야 한다. 기술이라고 하지 않고 '뛰어난 점'이라고 한 것은 사회가 원하는 기술도 점차 변화해 갈 가능성이 높기 때문이다. 돈을 모으기보다는 젊을 때 책을 읽거나 좋은 음악을 듣거나, 여러 사람과 만나거나, 해외로 여행을 가서 다양한 문화를 접하거나, 실컷 놀아보면서 다각적인 사고를 할 수 있는 힘과 적극적인 행동력을 익히는 것이 중요하다.

저축할 돈이 있다면 자기 자신에게 투자해 자신의 내면을 풍족하게 만드는 것이 훨씬 나은 결과를 만들 것이다. 이러한 능력을 길러 두면 40대 이후가 되더라도 일에 있어서 성장할 수 있을 것이며, 60대, 70대가 되어서도 현장에서 일을 할 수 있을 것이고, 경제적으로도 정신적으로도 풍족하고 여유로운 인생을 보낼 수 있을 것이다.

내가 아는 전업 작가는 젊을 적에는 대체 언제 일을 하는 걸까 싶을 정도로 세계 각지를 여행 다녔다. 그 여행이 그의 '저축'이 되었고, 70대에 가까운 나이이지만 지금도 여기저기서 그에게 일을 주곤 한다. 부자라고 할 정도로 저축한 돈은 없을지라도, 건강하게 자신이 좋아하는 일을 하며 나름 부족함 없이 돈을 벌고 있다.

13

좋은 대출과
나쁜 대출

대출도 능력이다

내가 만나봤던 부자들은 대부분 '돈을 잘 빌리는 사람'
이었다. 부자가 되는 사람은 대출을 부정적인 것으로 보지
않았으며, 장래의 성공을 확실하게 만들어주는 하나의 수단
으로 보고 있었다. 창업을 해본 적이 있는 사람은 창업의 첫
걸음이 은행에서 대출을 받을 수 있는가 없는가에 달려 있
다는 것을 통감했을 것이다.

은행은 돈을 전문적으로 다루는 만큼 창업하기 위해 대

출을 받으러온 사람에게 자금을 융자해줄 것인지, 또는 사업을 계속 유지하기 위해 대출을 받으러온 사람에게 추가 융자를 해줄 것인지 날카롭게 살핀다. 그래서 대출을 받을 수 있냐 없냐에 따라 그 사람의 실력을 알 수 있다는 말도 있지 않은가.

은행과의 교류 활동을 중심으로 경영자문을 하고 있는 지인은 이렇게 말한다. "TV 드라마 등에서 은행이 중소기업의 적인 것처럼 나오지만, 내가 보기에는 융자가 끊기거나 변제를 강하게 압박당하는 건 꼭 은행 측의 사정 때문만은 아니에요. 은행은 돈을 다루는 데 있어서는 프로입니다. 빌려줘도 좋은 상대와 그렇지 않은 상대는 당연히 엄격하게 분리해야 합니다."

빌려준 돈을 회수할 수 없으면 가장 큰 피해를 입는 건 은행이다. 그래서 융자 전의 검토는 특히 엄격하다. 그 과정을 거쳐 '대출 받았다'고 한다면 융자받아도 좋을 만큼의 성장 가능성이 있다고 보증 도장을 받은 것과 다름 없다.

최근에는 담보가 되는 부동산 등의 소유 여부와 동시에 경영자의 열정이나 인격, 비즈니스 내용의 독특함과 장래가 유망

한지를 확실하게 파악하는 방향으로 바뀌고 있다고 한다. 즉, 융자를 받을 수 있다면, 당신의 비즈니스 플랜이나 당신 자신이 프로에게 인정받은 것이다. 그러므로 자신감을 가져도 좋다.

"대출을 하면 반드시 갚아야 한다. 그러므로 지금까지 해온 것 이상으로 온힘을 다해야 한다."

어느 부자가 한 말이다. 한눈팔지 않고 열심히 일하면 자연스럽게 단련이 되고, 대출을 전부 갚을 때 즈음에는 몇 단계나 성장하여 능력도 더 출중해졌을 것이다. 그렇기에 '대출에는 그런 힘도 있습니다'라는 말에는 압도적인 설득력이 있다.

스티브 잡스Steve Jobs는 PC 기술에 있어서도 천재적이었지만 동시에 돈을 모으는 것에 있어서도 천재적이었다고 한다. 하고 싶은 일이 있고 할 수 있는 방법도 보인다. 하지만 돈이 부족하다. 그러면 돈을 빌려 오면 된다. 그렇게 호언장담했다고 한다. '무대출 경영이야말로 이상적'이라고 생각하는 사람도 적지 않지만, 이건 큰 착각이다. 은행 등에서 돈을 빌릴 수 있는 능력을 기르고, 사업을 키워가는 것이 경영이다. 부자가 되고 싶다면 대출을 부정적으로 받아들여서는 안 된다.

지금의 손정의를 만든 것은 '빚'

일본 제일의 부자 손정의는 매년 '은인 감사의 날'을 마련해, 창업 시에 신세를 지었던 사람들을 기념한다고 한다. 이 날에는 그들에게 진심으로 감사하는 마음을 담아 호접란 등을 보낸다고 한다. 손정의가 감사인사를 전하는 은인은 예닐곱 명 정도가 있다고 하는데, 그들이 누구인지 정확히 밝혀져 있지는 않다. 하지만 손정의의 지금까지의 궤적을 더듬어보면, 그중에 몇 사람 정도가 짐작이 된다. 그 대부분은 창업 시 대출의 전망이 보이지 않았던 때에 자금을 융통해준 사람들이다.

첫째로 거론되는 인물은 샤프의 전 부사장인 사사키 다다시佐々木正다. 아직 캘리포니아대학 버클리의 학생이었던 손정의가 '음성 지원 자동번역기'를 개발해 그것을 샤프에 가져갔을 때 사사키가 그것을 1억 엔에 사들인 이야기는 널리 알

려져 있다. 그것을 기점으로 소프트뱅크를 창업한 손정의는 소프트의 유통업에 나서기 위해 은행에 융자를 의뢰하지만 '무명의 벤처 기업에게 1억 엔은 빌려줄 수 없다'며 거절당한다. 이때 손정의는 난처한 나머지 사사키의 이름을 거론했다.

은행은 바로 사사키에게 문의했다. 일반적이라면 '멋대로 내 이름을 빌리다니!'라며 화를 낼 부분이지만 손정의에게 흥미를 느꼈던 사사키는 오히려 "손정의를 좋게 봐주세요"라고 대답했다고 한다. 그리고 손정의는 그 덕에 융자를 받을 수 있었다. 이 대출이 있었기에 소프트뱅크는 현재의 대기업으로 성장하는 첫걸음을 내딛을 수 있었던 것이다.

가능성에 배팅한 두 사람
- -

이때 사사키는 내심, 만일의 경우에는 자택과 퇴직금을 담보로 삼을 생각이었다고 기술하고 있다. 무명의 젊은이에게 1억 엔소프트뱅크의 창업은 1986년이므로, 대략 30여 년 전의 일이다. 당시의 1억 엔은 현재의 몇십억 엔에 달할 것이다을 빌려주는 것이니 은행은 그만한 보증을 사사키에게 원했을 지도 모른다.

융자를 해주기 위해 퇴직금과 직장을 건 또 다른 한 사람이 있다. 바로 융자를 실행한 다이이치칸교은행 고지마치第一勸業銀行麴町 지점의 고키타니 마사유키御器谷正之 지점장이다. 당시, 지점장 권한으로 융자할 수 있는 것은 1천만 엔까지였다. 하지만 고키타니 지점장은 사사키가 이렇게까지 추천하는 인물이라면 자신도 직장과 퇴직금을 담보로 걸겠다며 본점과 담판을 지어 1억 엔의 융자를 실현시킨 것이었다.

손정의가 평생의 은인으로 삼아 매년 감사의 날을 제정해서까지 은혜에 감사하는 여러 사람 중 이 두 사람은 있을 수 없는 융자를 실현시켜준 고마운 사람들이었다. 이 사실을 곱씹어 생각하면 창업이나 기업의 성장과 확대에 있어서 돈을 빌리는 것이 얼마나 중요한 의미를 가지고 있는지 잘 알 수 있다.

14

금리는 개인의 사정을 봐주지 않는다

'돌려막기'에 저당 잡힌 삶

물론 모든 대출이 기업을 성장시키고 사람을 성장시키는 좋은 대출인 것은 아니다. 매일 같이 술을 마셔대며 '요즘 돈이 없어'라든가, '연휴에 여행 가고 싶으니까 조금 빌릴까' 라며 눈앞의 욕구를 채우기 위한 대출은 해서는 안 되는 대출이며, 부자가 되는 길과는 완전히 반대 방향의 길이다. 그런데, 최근에는 너무 쉽게 돈을 빌릴 수 있는 카드 대출이 보급되어 이런 안 좋은 대출을 하는 사람이 점점 늘어나고 있다.

카드 대출은 일반적인 소비자 금융과 달리 은행 등의 카드로 가능한 대출을 말한다. 필요한 절차를 밟으면 평소 사용하는 ATM에서 돈을 꺼낼 수 있어서 자신이 대출을 하고 있다는 사실을 제대로 인지하지 못하고 쉽게 카드 대출을 하게 되는 것이다. 금융청의 조사[2015년]에 따르면 현재, 극히 일반적인 사람의 12~13명 중에 1명은 카드 대출을 이용하고 있다고 한다. 이용 목적의 'TOP 3'는 다음과 같다.

- 생활비가 부족해서 ⋯ 38.1%
- 갖고 싶은 물건을 살 돈이 부족해서 ⋯ 28.5%
- 신용카드의 할부금을 내기 위해서 ⋯ 21.4%

카드 대출을 이용하는 사람들 중 3분의 1이 1만~5만 엔을 빌린다고 하며, 5분의 1이 6~10만 엔을 빌린다고 한다. 즉, 당장 쓸 돈이 부족하니까 다음 월급을 받을 때까지 버틸 돈이 필요해서 이따금씩 대출을 받는 것이다. 이 중에서도 '가장 나쁜 대출'은 '신용카드 할부금을 내기 위한' 대출이다. 카드 할부금은 어떤 의미에서 대출금 상환과 같다고 할 수 있다. 상환하기 위해서 다른 대출을 하는 건 이자를 늘리는 것뿐만 아니라, 카드 대출로 간단히 돈을 빌려서 당장의 위기를 모면하는 것이 습관이 되어버릴 가능성이 높다.

경제관념이 부족하면 늪에 빠지게 된다

카드 대출을 사용하기 전에 금리를 확인하자. 차입 금액, 지불 조건 등에 차이는 있지만, 최고 금리가 20%나 하는 곳도 있다. 말도 안 되는 고이자다. 이 정도 금리면 조금만 빌렸다가 갚을 생각이었어도 상환금이 눈덩이처럼 불어나서 결국은 이도 저도 못하는 상황에 빠지게 된다.

집을 새로 사거나 주택대출 도중에 일괄 상환하려고 확인해 보니 원금이 거의 줄지 않아서 당황스러웠다고 이야기하는 사람이 적지 않다. 이건 매월 상환금을 일정하게 정해두고, 원리균등상환으로 대출을 짜두었기 때문이다. 주택대출에는 그 외에도 원금균등상환이라는 방식이 있다. 이

방식으로 하면 처음에는 돈을 갚는 것이 쉽지 않지만, 점점 지불액이 줄어들어서 중도에 다시 돈을 빌릴 때에 원금이 줄어들어 있다.

어떤 방법이 좋은지는 빌리는 사람의 상황에 따라 다르다. 어느 쪽이든 큰돈을 빌릴 때 금리의 구조 등에 대해 제대로 알지 못하면 평생이 가도 부자가 될 수는 없다.

돈도 잃고
사람도 잃고

사람을 잃는 가장 빠른 방법

인생에서 가장 중요한 것은 무엇일까? 이런 질문을 부자들에게 했을 때 '돈입니다'라고 대답할 거라 생각했다면 큰 착각이다. 부자들일수록 인생에서 돈 이상으로 중요한 것이 있음을 잘 알고 있다. 그중 하나가 '시간'이며, 또 다른 하나는 '인간관계'다. 가족이 소중한 것은 당연한 것이고, 진정으로 함께할 수 있는 동료나 친구도 돈으로는 결코 살 수 없다. 그래서 부자들은 돈 이상으로 중요한 것이라고

생각하고 있다.

'당신에게는 100만 엔을 빌려줄 사람이 있나요?'라는 질문을 받은 적이 있다. 나는 그저 신음만 내며 그 질문에 대답하지 못했다.

생각해보면 100만 엔을 갖고 있을 지인이나 친구는 꽤 있을 것이다. 하지만 떠오르는 사람은 모두 내게 매우 소중한 사람들이다. 그런 사람에게 "100만 엔 빌려줘"라는 말을 하고 싶지 않다. 그래서 절대로 그런 말을 꺼내지 않는다.

이런 경우에 한해서지만 그 외에 다른 방법이 없다면 잠시 금융기관 등에서 돈을 빌려서 어떻게든 위험한 순간을 벗어날지도 모른다. 빚을 지고 싶지는 않지만, 소중한 사람과의 관계를 잃는 것보다는 훨씬 낫다.

"갚지 않아도 괜찮아"
- -

어느 한 부자에게 같은 질문을 한 적이 있다. "소중한 친구가 돈 때문에 곤란을 겪고 있어서 100만 엔을 빌려달라고 하면 어떻게 하실 건가요?" 그의 대답은 "단호히 거절한다"였다.

하지만 상대의 곤란한 상황을 알아채고, 그 금액이 자신에게 있어서 부담되지 않는 범위라면 '이 돈을 써'라며 툭 내뱉는다고 한다. 빌려주는 것이 아니라 그냥 주는 것이다. 물론 상대에게도 자존심이 있을 것이므로, 직접적으로 '줄게'라고 말해서는 안 된다. 수표 등을 봉투에 넣어서 "이거면 어려움은 피할 수 있겠어?"라며 별 것 아닌 듯이 건네는 것이다.

봉투에는 이런 쪽편지를 넣는다. "기한 없음. 여유가 생기면 갚으면 돼." 사실상 그냥 주는 것과 같지만, '줄게'라든가 '갚지 않아도 돼'라고 적지 않는다. 이 얼마나 멋진 방법인가.

큰돈을 별거 아닌 양 '툭'하고 건네는 건 결코 쉬운 일이 아니다. 하지만 가끔 한 번씩 만나서 함께 점심을 먹거나 가볍게 술 한잔할 때 "오늘은 가진 돈이 없어서 대신 좀 내줘"라는 말을 듣게 된다면 대신 내주는 것이 아니라 기분 좋게 "오늘은 내가 살게"라고 하는 것이 좋다. 나중에 친구가 깜박하고 돈을 갚지 않을 때 "저번에 내가 대신 내준 돈 대체 언제 줄 거야?"라는 말을 꺼내지 않을 수 있기 때문이다. 작은 돈에 집착해서 소중한 인간 관계에 금이라도 가면, 인생에 있어서 더 큰 손실이다.

16

'핑계' 대지 말고 '보상'하라

매년 자동차를 바꾸면 과소비인가

어느 부자는 해마다 자신이 소유하고 있는 자동차보다 한 단계 좋은 걸 산다. "1년간 열심히 일했고 나름 수익도 냈으니까요. 흔히 말하는 자신에게 주는 선물이에요."

그렇게 말하며 웃는 그의 얼굴은 빛이 나는 것 같았다. 지금 그가 가지고 있는 차는 벤츠 하이스펙인데, 목표는 수천만 엔이나 하는 람보르기니라고 한다. 그를 보면 '자신에게 주는 선물'은 확실히 의욕을 증진시키고 그에 따라 수입도 늘어나는 듯하다. 즉, 부자로 만들어주는 지렛대 효과가 있는 것이다.

'자신에게 주는 선물'이란 말은 언제부터 유행하기 시작한 것일까. 기억을 더듬어 보니 그 발단은 애틀랜타 올림픽^{1996년}의 여자 마라톤으로 동메달을 획득한 아리모리 유코^{有森裕子}다. 그전의 바르셀로나 올림픽에서 은메달을 획득했던 그녀는 뜨거운 햇볕이 내리쬐는 애틀랜타에서도 힘껏 달렸고, 끝내 3위를 쟁취했다. 이때 완주 후의 인터뷰에서 "비록 동메달이지만 처음으로 나 자신을 칭찬해주고 싶다는 생각이 들었어요"라고 울먹이며 말했다. 이 말이 순식간에 퍼지며 유행어가 되었고, 실제로 그 해의 유행어 대상에 선정되었다. 동시에 '자신에게 주는 선물'이란 말도 번지기 시작했으며, 지금은 많은 사람이 가지고 있는 하나의 습관처럼 정착되었다.

'포상에 관한 의식 조사^{다이도 일하는 성인 능력 향상 위원회(ダイドー-働く大人力向上委員會), 2013년}'에 따르면, 여성은 56.5%으로 절반 이상이 '자신에게 선물'을 주고 있다고 한다. 놀랍게도 ^{이렇게 말하면 차별 발언일지도 모르지만} 20대 남성의 53.5%,

30대 남성은 52.2%, 40~50대도 약 40%가 '자신에게 선물'을 준다고 한다. 그 빈도는 '주 1회 이상'이라고 한다. 우리가 상상하는 것 이상으로 자주 '자신에게 선물'을 하고 있음을 알 수 있다. 다만 '선물'이라고는 해도 아주 작은 것들이다.

여성
- 1위: 케이크나 쿠키 등(82.3%)
- 2위: 초콜릿(58.7%)
- 3위: 옷(35.2%)

남성
- 1위: 케이크나 쿠키 등(50%)
- 2위: 술(46.4%)
- 3위: 캔커피(41.5%)

이러한 결과를 보면 여성보다 남성이 더 사소한 포상을 하고 있음을 알 수 있다.

확증 편향을 조심하라

앞의 조사 결과에 따르면 자기 보상하는 남자는 자기 보상을 하지 않는 남자보다 부자이며 인기도 많다고 한다. 연봉 또한 3년간 연봉이 합계 100만 엔 이상 오른 사람 중에 자기 보상을 하지 않는 남자보다 자기 보상을 하는 남자가 2.5배나 많다. 여성에게 고백을 받는 확률도 자기 보상을 하는 사람이 하지 않는 사람보다 3배가 많다고 한다. 즉, 자기 보상을 하는 남자는 자기 보상을 하지 않는 사람보다도 부자이고 인기가 많다는 것이다.

인간성을 따져 봐도 자기 보상을 하는 남자는 밝은 성격에 긍정적인 사람이 많으며, 그들 중의 60%는 '일상에는 즐거운 일이 더 많다'고 답했고, 50% 이상이 '나의 미래는 밝다'고 대답했다.

자신에게 하는 작은 선물이 왜 이렇게 큰 차이를 불러오는 것일까. 아사히 대학朝日大學 마케팅 연구소의 나카하타 치히로中畑千弘 교수의 말에 의하면 '자기 보상을 하는 사람'은 사소한 기회나 물건을 잘 활용해서 기분 전환을 하고

동기 부여를 한다. 즉, 심리 조절 능력이 뛰어난 사람이라고 할 수 있다. 이 조사에서는 자기 보상을 하는 시간대에 대해서도 다루고 있는데, 자신에게 줄 선물을 사는 시간은 오후 6시 이후인 경우가 태반이라고 한다.

이런 것들을 살펴봤을 때, 자기 보상을 잘 활용해서 직장인에게 빼놓을 수 없는 기술인 목표 관리, 시간 관리, 집중력 관리를 하는 것이 '자기 보상을 하는 사람'임을 알 수 있다.

하지만 무엇이든 지나치면 모자란 것보다 못하다는 말은 자기 보상에도 예외가 아니다. 특히 자기 보상을 지나치게 하면 최악의 결과를 빚을 수 있으므로 매우 주의해야 한다. 자기 보상은 행동경제학에서는 '확증 편향'이라는 행위에 해당한다.

쉽게 말하면, 스스로는 인정하고 싶지 않은 행동을 했을 때, 예를 들어 다이어트를 하고 있는 사람이 케이크 같은 칼로리 높은 음식을 먹고 싶어 할 때 자기 보상을 구실로 '행위의 정당성'을 얻는다. 즉, 해서는 안 되는 일을 하기 위한 인과관계를 조작하는 것이다.

이러한 행위를 너무 빈번하게 일으키면 처음 스스로 정한 약속을 지키지 못하게 되어도 양심의 가책을 느끼지 않게 된다. 게다가 자기 보상이라는 어감이 긍정적이어서 반성해야만 하는 일임에도 불구하고 저지르고 만다.

이는 좋은 결과보다도 나쁜 결과를 불러올 가능성이 크다. 자기 보상을 잘 조절하기 위해서는 자동차를 바꾸거나, 해외여행을 가는 등 자기 포상의 목표를 크게 잡자. 그 대신 2~3개월에 한 번이나 6개월~1년에 한 번 정도로 하는 것이 좋다.

가난의 무서움을
정확히 알고 있다

17

인생의 반환점에서
피아노를 사다

일과 인생이 하나되다

부자와 많은 이야기를 나눌 기회가 많은 나는 매우 행복한 사람이라고 생각한다. 무엇보다 이야기를 하는 시간은 두말 할 것 없이 마음 깊이 감동을 느끼기 때문이다. 이야기는 당연히 그들의 일에 초점이 맞춰져 있지만 항상 시간이 언제 가는지 모를 정도로 빠르게 지나간다. 감개무량한 이야기는 아무리 많이 들어도 질리지 않는다. 오히려 점점 분위기가 달아오르고 듣는 나의 가슴이 벅차오르게 되어 시간이 가는지 모르고 듣게 된다.

어째서 이렇게 가슴이 벅차오르는 것일까. 이유는 단 하나다. 부자들은 예외 없이 자신의 일을 좋아하고 일과 인생이 혼연일체가 되어 있기 때문이다. 일을 하는 것이 그들의 삶의 방식과 하나 되는 것이다. 물론 일이기 때문에 쉽지만은 않고 재밌는 일만 일어나지는 않다.

부자들, 아니 오랫동안 일을 해오면서 부자가 된 사람들의 대부분은 괴로운 일, 힘겨운 일의 연속이었다고 할 수 있을 것이다. 하지만 그렇기에 안정된 생활을 보낼 수 있는 현재에 깊은 기쁨을 느낀다.

때로는 즐거웠던 일보다도 오히려 괴로웠던 일을 매우 소중한 추억이라며 감회 깊게 이야기하고는 한다. 부자들에게 듣는 이야기 중에 즐거웠던 일을 듣는 경우는 거의 없다. 하지만 그만큼 전해지는 충실감이 마음 깊이 스며든다. 진심으로 감동을 주는 삶은 이런 삶이라고 할 수 있다.

서두르지 않고 담담하게 눈앞의 일을 처리한다

부자들이 모든 일을 계획대로 처리해왔고 그 결과 사업이 성공했다고 생각했다면 큰 오산이다. 내가 만나온 자신의 힘으로 부자가 된 사람들은 오히려 믿기 어려운 상황과 온갖 문제를 이겨내고 현재의 자리에 서게 되었다고 하는 이들이 대부분이었다. 아니, 그런 상황을 이겨냈기에 지금 즐겁게 일을 할 수 있는 경지에 이르렀다고 할 수 있겠다.

사고나 문제를 조우했을 때 거기서 좌절한 사람과 좌절하지 않고 역경을 이겨내고 앞으로 나아가는 사람이 있다. 두 가지를 나누는 것은 '사고나 문제를 심각하게 받아들이는가'와 '흘려 넘기는가'의 차이다.

예상 외의 일이 발생하여 예정대로 일이 흘러가지 않거나 커다란 피해를 입으면 누구나 그 피해를 되돌리기 위해 힘쓸 것이다. 하지만 애를 쓰면 쓸수록 초조해지면서 여유가 사라지고 결국에는 실패하고 만다. 엎친 데 덮친 격이라고 할까.

하지만 이미 일어난 일은 어쩔 수 없다. 아무나 할 수 있는 일은 아니지만 일단 실패를 받아들이고 포기한다. 그리고 담담하게 지금 할 수 있는 일을 하나하나씩 처리해 나간다. 성공을 위한 길에 초조함은 금물이다.

큰일을 하든 작은 일을 하든, 해야 할 일은 정해져 있다. 약속된 기일까지 상대가 기대하고 있는 물건이나 서비스를 제공한다. 모든 일은 이러한 과정의 연속이다. 이 과정을 꾸준하게 이어가는 것이 중요하다. 그러면 어느 순간 결과가 따라올 것이다. 처음부터 결과만을 바라보며 온힘을 다해 돌진하는 사람보다 적당한 힘을 오랫동안 지속할 수 있는 사람이 마지막에 승리한다.

꾸준함으로 얻을 수 있는 건 의외로 크다

꾸준함이 의외로 커다란 결과를 만든다는 것은 500엔 저금을 한 경험이 있는 사람은 실감할 수 있을 것이다. 잔돈 500엔이 생기면 그건 없었던 것으로 삼고 저금통에 넣는다. 이 일을 하는 것만으로 매년 해외여행에 가는 친구가 있다.

그가 이 일을 시작한 것은 노기와 요코野際陽子가 "500엔을 저금해서 피아노를 샀어요"라고 TV에서 한 말을 들은 것이 계기였다.

노기와는 500엔이 발행된 1982년 4월부터 시장을 볼 때 500엔의 잔돈이 생기면 반드시 저금을 하기로 정했다고 한다. 그때 했던 자신과의 약속을 81세가 되어 사망하기 전까지 계속 이어갔다고 한다.

"500엔이 생기면 조건반사적으로 저금통에 넣어요. 저금통이라고는 해도 과자 박스 같은 동전을 넣기 적당한 주변에서 흔히 보는 물건들이에요. 저금통이 들 수 없을 정도로 무거워지면 은행에 가져가서 500엔 저금 전용의 통장에 입금해요."

500엔 저금을 평생 이어가려고 했지만 노기와에게는 꿈이 하나 있었다. 바로 그랜드피아노를 사서 자택에서 연주하는 것이었다. 인생의 중반 즈음에 이혼을 하고 딸을 혼자 기르게 되었을 때 그는 이 저금을 깨고 그랜드피아노를 샀다. 어릴 적의 꿈을 이루고 앞으로 험난한 길을 걷게 될 자신에게 주는 선물이었다.

"이때 해냈다며 나도 모르게 미소가 나오면서 성취감이 가득해지는 걸 느꼈어요." NHK 아나운서로서 일세를 풍미하고 배우가 된 후로는 수많은 히트작에 출연하면서 대활약을 해온 인물이 누구나 할 수 있을 만한 일로 성취감을 느꼈다고 한다. 이 사연은 그저 꾸준히 이어온 일이 어떤 결과를 불러오는지 잘 알려준다.

차분한 마음으로 꾸준하게 루틴을 지속하는 것은 결코 작은 일이 아니다. 이 이야기를 알게 된 내 지인은 노기와를 따라 해 500엔을 저금하게 되었다. 그는 35세나 40세처럼 딱 떨어지는 나이가 되면 저금을 깨서 그 돈으로 해외여행에 나갈 계획을 세우고 있다.

여행을 좋아하는 그는 이 저금이 아니라도 자주 해외여행을 가지만, 500엔 저금으로 해외여행을 갈 생각을 하다보면 직장에서 보너스를 받아 가는 여행과는 비교가 되지 않는 즐거움을 느낀다고 한다. 꾸준히 무언가를 지속하면 언젠가는 놀랄 만한 결과를 이루게 된다. 그리고 예상치 못했기에 노력이 열매를 맺었을 때 더 특별한 감동을 준다.

부채 100억 엔,
파산만이 탈출구일 때

부자는 자신을 높게 평가한다

자신의 현재 상태에 불평을 하는 건 현재에 희망을 잃고 있음을 선전하고 있는 것과 같다. 그래서 부자는 불평을 입에 담지 않는다. 불평을 해서 자신의 평가를 깎아내리는 일을 하지 않는다. 많은 부자들을 만나왔지만, 그들의 가장 큰 특징은 자기 평가가 매우 높다는 것이다. 그렇다고 해서 시건방지거나 자만한다는 것은 아니다. 오히려 겸손하거나 조심스러운 태도를 보이는 사람이 많지만, 그 내면에 범상치 않은 자신감을 품고 있다.

인생에는 산이 있으면 계곡도 있다. 지금은 성공해서 부자가 된 사람도 가만히 이야기를 듣고 있으면 내 눈시울이 뜨거워질 정도로 정말이지 온갖 고생을 해왔음을 느꼈던 경험도 몇 번이나 있었다. 누구나 한두 번은 지옥 같은 일을 경험한다. 부자들은 그 삶의 굴곡이 더 크다.

고베에서 '부동산 왕'이라고 불렸던 사람과 만난 적이 있다. 그는 미쓰비시나 스미토모 등의 대기업보다도 빌딩을 많이 보유해 부자의 삶을 만끽하고 있었다. 하지만 어느 날 그런 생활이 갑작스레 무너져버렸다. 한신아와지 대지진 阪神淡路 大震災이 일어난 것이다. 빌딩 대여업은 한순간에 사라져버렸다. 아예 무너져버린 빌딩은 보험에 들어있어서 그나마 괜찮았지만, 문제는 균열이 생기고 기울어진 빌딩이었다. 균열이 생긴 대부분의 건물이 사용할 수도 없는데 보험금도 제대로 나오지 않았다.

더 심각한 문제는 거리에 활기가 사라지고 세입자도 하나둘 사라진 것이었다. 동업자들도 사라져 갔다. 파산 신청을 한 사람도 있었고, 야반도주하듯이 사라진 사람도 있었

다. 그 또한 차라리 그만두는 게 편할지도 모른다는 생각을
여러 번 했다고 한다.

감사의 힘
- - - - - - - - - - -

그는 폐업이나 파산 신청을 하지 않고 사업을 재건하는
길을 선택했다. 자신이라면 다시 사업을 살릴 수 있다는 자
신감이 있었기 때문이다. 그는 "근거는 전혀 없었지만요"라
고 말했다. 또, "지금 불평을 한다고 해서 지진이 없었던 일
이 되지는 않아요. 오히려 기가 죽을 뿐이죠"라고도 말했다.

그렇지만 빚이 100억 엔 이상 있었다. 개인이 떠맡기에
는 너무나 큰 액수였다. 그 무게에 질 것 같아질 때마다 그
는 "오늘도 나와 우리 가족이 먹고살 수 있었음에 진심으로
감사합니다"라고 마음속으로 깊이 감사하며 마음을 다잡았
다고 한다.

"불평한다고 해서 현실이 바뀌지는 않잖아요. 그보다는

힘들어도 오늘 하루 일을 할 수 있었다는 것과 먹고살 수 있는 돈을 벌 수 있었음에 진심으로 감사하면 신기하게도 감사한 만큼 마음이 긍정적으로 변해요."

1995년의 지진 발생으로부터 23년이 지난 지금, 그가 가진 빌딩은 내진·면진 공사설계를 한 빌딩으로 바꿔 갔으며, 장기적인 수입원이 되고 있다. 사업을 훌륭하게 재건하고 다시 부자가 된 것이다.

19

길에 떨어진
기회를 줍는 법

인력거는 누가 만들었을까?

지금 일본은 인력거가 유행이다. 아사쿠사나 가마쿠라, 교토, 오타루 등의 관광지에서는 외국인 관광객에게도 대인 기라고 한다. 실제로 인력거에 타 보면 상상 이상으로 체고가 높고, 사람이 인력거를 끄는 속도는 관광하기에 적당하며 승차감도 좋다.

인력거의 수요는 늘어만 가는 실정이고, 인력거를 끄는 사람이 부족해지면 아르바이트를 쓴다고 한다. 그런데 이

인력거는 대체 누가 어디서 만드는 것일까?

부자가 되는 사람은 무언가를 봤을 때 다른 사람보다 본질을 더 깊이 살피는 눈을 가지고 있다. 그리고 실제로 거기서 새로운 아이디어를 만들어내는 경우가 많다.

인력거는 대부분 수작업으로 만들어진다고 한다. 아무리 유행이라고 해도 대량생산할 정도로 수요가 많지는 않아서 부품의 하나부터 열까지 모두 손으로 만들거나, 다른 용도로 만들어진 부품을 가공해서 사용한다고 한다.

부품을 조합해서 인력거를 만드는 기술도 고된 과정을 거치지 않으면 익힐 수 없다. 장인이라 할 수 있는 이들의 후계자는 줄어들기만 하는 경향이며, 쇼와 중기1946~1965년에는 장인이 단 한 사람밖에 남지 않는 위기도 있었다고 한다. 현재도 전국에 있는 장인을 다 합쳐도 열 명이 채 안된다고 한다.

그 결과 현재는 밀려드는 주문을 감당하지 못하는 실정이라서 인력거 장인을 모셔가려고 여기저기서 난리라고 한다. 게다가 인력거 한 대의 가격은 표준이라 할 수 있는 2인용 제품이 대략 200만 엔이고, 한 대를 만드는 데 1개월이 걸린다고 하니 금액도 나쁘지 않은 편이다.

타인처럼 일하면 타인만큼 번다

이익을 얻으려면 타인과는 다른 행동을 해야 한다는 말은 예전부터 투자계에서 전해져온 격언이다. 모든 사람들이 가는 정석적인 길은 크게 손해를 보는 경우는 별로 없을지 모르지만 혼잡하고 이익도 비등비등해서 신선함이 그다지 없다.

하지만 다른 사람과 다른 행동을 하면 생각지 못했던 이득을 볼 수 있고, 그것을 독점할 수 있다. 그 순간 비길 데 없는 기쁨을 만끽할 수 있다.

모두가 가는 길을 개미처럼 행렬을 지어서 따라가기만 하는, 누구나 할 수 있는 일만 해서는 성공하는 사람이 될 수 없다. 결코 부자가 될 수 없는 것이다.

다른 사람이 간 적이 없는 길을 간다는 것은 그 앞이 어떻게 될지 알 수 없다는 것이며, 포장도로 또한 아닌 울퉁불퉁한 길이라는 것이다. 평범한 사람은 그게 두려워서 결국 모두가 가는 길을 선택해서 간다. 하지만 다른 사람이 앞서 간 길에는 잡초가 없겠지만, 열매를 딸 수도 없다. 이미 앞서 간 사람들이 다 가져갔기 때문이다.

다른 사람이 가지 않는 길을 가면 생각지 못한 많은 열매를 손에 넣을 가능성이 크다. 하지만 도착한 곳이 막다른 골목이거나 아무것도 없는 황무지일 가능성 또한 적지 않다. 하지만 리스크를 두려워해서는 아무것도 얻을 수 없다.

최근 몇 년 사이에 급성장을 이룬 부동산 회사의 사장과 긴밀하게 이야기를 나눌 기회가 있었다. 그의 회사는 아직 그렇게 크지는 않고 종업원도 두 자리 수이다. 하지만 최근 국가나 자치단체에서 큰 프로젝트를 계속해서 수주하고 있다. 이것이 급성장할 수 있었던 이유였다.

공공도로의 근처에 비어 있는 넓은 땅을 본 적이 있을 것이다. '마을조정구역'이라고 부르는 '주택 조성을 할 수 없는 구역'이다. 공공시설이나 수도부 현지사_{한국으로 치면 도} _{지사에 해당 - 역주}의 개발 허가를 받은 개발은 할 수 있지만 개발허가를 받으려면 매우 복잡한 과정을 거쳐야 하며, 상대가 관공서라서 시간도 많이 소요된다. 그래서 마을조정구역을 개발하는 건 자치단체도 토지 주인도 거의 포기한 곳이었다.

그런데 이 부동산 회사는 그런 까다로운 허가 취득을 묵묵히 이어 갔고, 마을조정구역 개발의 노하우를 하나씩 익혀 갔다. 지금은 마을조정구역 개발에 있어서는 부동산계의 큰손으로 불리며 전국 각지에서 오퍼가 들어오고 있다고 한다. 아무도 하려고 하지 않는 일에 큰 이익이 숨겨져 있었던 것이다. 이것은 회사뿐 아니라 개인의 삶에서도 통용되는 말이다.

노동 없는 시대,
인간의 마지막 돈벌이

인생은 길고, 비즈니스는 더 길다

수도권에 하나둘 빌딩을 세우고 있는 부동산 개발업을 하는 한 사장님과 함께 일을 한 적이 있다. 이 사장님의 입버릇은 "내가 세상에서 사라진 후에도 계속 남아 있는 일을 하고 싶다"였다.

애초에 그가 부동산 개발업자가 되려고 한 것은 어릴 적 지도에 남는 일이라는 TV 광고를 본 것이 계기였다고 한다. 오랫동안 세상에 무언가를 남길 수 있는 일은 빌딩을 짓거나 거리를 만드는 것만 있는 것은 아니다. 예를 들면 인스턴트 라면이 있다. 인스턴트 라면은 세계적인 식품이 되어, 태국에서도 아프리카에서도 남미에서도 어디를 가도 슈퍼마켓에 가면 그 나라 오리지널의 인스턴트 라면이 늘어서 있는 것을 볼 수 있다.

뜨거운 물만 있으면 세계 어디서든 아니, 우주에서도 먹을 수 있다. 우주비행사 노구치 소이치野口聡一가 우주왕복선 디스커버리호에서 무중력 상태로 컵라면을 먹는 것을 보여주어 전 세계의 주목을 모은 적이 있다. 무중력 상태에서는 국물이 흩날린다는 문제를 라면 제조회사는 걸쭉하게 만드는 것으로 인스턴트 라면의 가능성을 넓혀 갔다.

부자들은 현재의 일을 착실하게 하면서도 앞으로의 나아가야 하는 길 또한 바라보고 있다. "그런 말을 해봤자 나는 그냥 회사원에 불과한 걸. 미래를 생각하라고 해봤자, 정년이 되면 그걸로 끝이야"라고 자신의 미래에 한계선을 그어서는 안 된다. 한계를 만들면 더 이상 성장할 수 없다.

AI에 위협받는 인간의 일자리

현재는 산업혁명 이후 최대의 변혁기를 맞이하고 있다. 옥스퍼드 대학교에서 AI의 연구를 하고 있는 마이클 오스본Michael Osborne 교수는 그의 논문인 〈고용의 미래—우리 직업은 컴퓨터화에 얼마나 민감한가?THE FUTURE OF EMPLOYMENT: HOW SUSCEPTIBLE ARE JOBS TO COMPUTERISATION?〉에서 10년 안에 사라질 직업에 대해 이야기하고 있다.

놀라운 것은 사라질 직업 중에 의사도 포함되어 있다는 것이다. 의사에게 요구되는 최대의 능력은 검사 데이터에서 병을 진단하는 기술인데, 현재는 '왓슨'이라는 인공지능 로봇이 20만 건의 의료보고서, 150만 건의 환자 기록이나 임상실험, 200만 페이지 분량의 의학 잡지 등을 토대로 분석하여 병의 정체를 밝혀낸다고 한다. 게다가 컴퓨터는 환자 개인의 증상이나 병력, 유전자 등도 판단하는 데 사용해 가장 좋은 치료 방법을 제시한다고 한다.

변호사 또한 그 위치가 위태롭다. 이미 미국의 변호사사무소 중에는 재판 전에 리서치는 컴퓨터를 최대한 활용하는 곳이 늘어나고 있다고 한다. 그 결과 변호사의 어시스턴트인 법률사무 보조원이나 계약서, 특허와 같은 안건을 주로 다루는 변호사는 장기적으로 필요 없어질 것이라고 한다.

고학력을 지닌 사람이 넘쳐나는 이유

한편 IT나 AI가 아무리 진보하더라도 절대로 대체 불가능한 기술이 있다. "새로운 것을 창조하는 건 사람이 아니면 할 수 없는 일이다." 이 말을 한 것은 어느 한 식품 회사의 회장이다. 그는 남들보다 빠르게 제조라인을 자동화함으로써 넓은 공장을 단 한 명으로 가동할 수 있게 만들었지만, 개발 부서에는 오히려 점점 사람을 늘리고 있다. 여기에서 주목해야 하는 것은 개발 부서에서 좋은 성적을 올리는 사람은 지금껏 우수하다는 말을 들어온 사람과는 전혀 다른 타입이라는 것이다.

편차치가 높다든가 학력이 좋다든가 하는 스펙이 좋은

건 이제 필요 없다. 그보다도 세계를 두루두루 다녀본 사람이나 일을 마친 후 매일같이 영화를 보러 다니는 사람, 애니메이션에 푹 빠져서 '오타쿠' 같은 친구가 많은 사람처럼 지금까지 규격 외로 규정되었던 사람들이 필요한 시대가 되었다. 앞으로의 시대에는 제대로 놀아본 적도 없는 그저 공부만 열심히 한 사람의 필요성이 낮아질 것이다.

오직 인간만이 하는 행동을 찾아서

새로운 사업을 시작해서 순식간에 주식 상장까지 이룬 건축자재회사의 사장은 매우 잘 웃는 사람이었다. 이야기를 하는 시간의 절반은 웃고 있어서 날카롭게 논의를 이끌어가야 하는 나까지도 같이 웃게 되고 만다.

50명 정도의 사원이 있는 회사로, 연말에는 사원과 사원의 가족도 함께 온천 여행을 간다고 한다. 이것까지는 가능하리라고 생각할 수 있다. 하지만 이 회사의 진면목은 이제부터다. 온천 여관의 연회장에 있는 무대를 사용해서 '사원

대항 웃음대전'이 펼쳐지는 것이다. DVD로 그 모습을 보았는데, 각 팀이 콩트나 짧은 연기를 하고, 사원부터 가족, 아직 어린 아이들까지 모두 1표씩 투표를 하여 우승팀을 정하고 있었다.

오직 사람만이 웃는다고 한다^{침팬지도 웃는다는 설이 있기는 하다}. 즉, 웃음이란 극히 인간적인 행동이라는 것이다. 실제로 사원연수에서 웃음을 지어내게 하는 활동 프로그램을 넣는 회사가 늘어나고 있다고 한다. '끊이지 않는 잡담'이라거나 '개그 프로그램'이라는 이름의 연수가 등장하는 것이다. TV에서는 코미디 프로그램이 한창이다. 코미디 프로그램을 보면서 개그맨들의 절묘한 연기나 유머 감각을 배워보자.

실패해본 적이 없는 사람은
성공할 수 없다

성공학이 아니라 '실패학'

약 20년 전 작은 약국에서 시작해 현재 일본 유수의 약국 체인을 이룩해 낸 M 사장은 사원이 일에 실패했을 때도 전혀 화를 내지 않는다. 오히려 사원에게 실패를 많이 경험하라며 격려한다고 한다. 반면에 실패를 경험해보지 않은 사원을 안타까워한다고 한다. M 사장에게 이유를 물으니 사업에 있어서 실패는 따라오기 마련이다. 실패를 경험하지 않으면 어떤 변화나 도전도 하지 않고 있다는 것이라고 한다.

실패는 무언가를 창조, 진화시킬 때 빼놓을 수 없는 중요한 것임을 깨닫고 '실패학'이라는 새로운 연구 영역을 개척한 사람이 있다. 바로 도쿄대 명예교수인 하타무라 요타로畑村洋太郎다. 기계공학 전공인 하타무라 교수는 학생들을 가르칠 때 과거의 실패를 통해 배우는 것이 얼마나 중요한 것인지 깨닫고, '실패는 어떤 사람을 성장시키는 더할 나위 없이 귀중한 체험이다'라고 주장한다. 이러한 생각을 가진 사람은 연구자이든 기술자이든, 회사를 경영하는 사람이든 성공할 확률이 매우 높다. 결과적으로 '실패하지 않게 되는 것'이다. 더 크게 성장하기 위해서는 실패를 경험해 봐야 한다.

대부분의 사람은 무언가를 할 때 실패하지 않도록 신중하게 일을 진행한다. 그래서 이전에 있었던 유사한 사례를 찾아 조사하고 성공한 방법을 따라서 실행한다. 이것은 언뜻 보기에 좋은 방법처럼 보이지만 이런 방법으로는 더 나은 발전을 이루어낼 수 없다. 기존의 기술을 모방해서 얻을 수 있는 건 조금 과장해서 전혀 없다고 할 수 있다. 그보다는 실패해도 좋으니 새로운 방법을 도전해보자. 그 결과 실패하더라도 기죽지 말자. 중요한 건 실패했을 때 거기서 주저앉고 마는 것이다. 성공할 때까지 방법을 찾아내기 위해 힘쓰면 한두 번의 실패는 실패가 아니라 성공을 이루기 위한 과정이 될 것이다.

넘어져본 사람이 일어날 수 있다

실패를 그저 실패로 끝내지 않기 위해서는 몇 가지 알아둬야 할 것들이 있다.

① 도전한 내용, 순서, 실패했음을 알게 되기까지 깨닫게 된 점 등을 빠짐없이 가능한 상세하게 메모할 것.
② 누군가의 잘못이 아니라 무엇이 잘못되었는가를 냉정하고 객관적으로 볼 것.
③ 잘 안 된 것들만이 아니라 반드시 전체를 볼 것. 원인은 실패한 부분이 아니라 그 전 단계에 있는 경우가

많다.

이렇게 일을 진행했다면 그 날은 더 이상 일을 하지 말고 휴식을 갖자. 조금만 더 조금만 더 하며 미련을 가지고 일을 하는 건 다음 단계로 나아가기 위한 도움이 되지 않는다. 일단 일을 끝마치고 휴식을 취하며 기분전환을 해보자. 부자가 되는 사람은 자기 관리가 뛰어난 사람이 많다. 다음 날에는 아무 일도 없었다는 듯 실패에 연연하지 않는다. 그리고 심기일전해서 다시 도전한다. 교세라, 제2전전^현 KDDI의 창업자인 이나모리 가즈오^{稲盛和夫}는 이렇게 말했다.

"세상에 실패란 없다. 도전하는 도중에 한 것은 실패가 아니다. 포기하는 것이야말로 실패인 것이다."

22

자본주의 사회에서
돈은 '모든 것'

고전시에 '돈이 없으면'이라는 글귀를 붙이다

고등학생 시절, 어느 선생님이 이런 말을 했었다. "일본
의 고전시和歌는 대부분 사물의 슬픈 감정에 대해 노래하고
있습니다. 고전시의 근저에는 인생의 허무함, 슬픔의 정서
가 있어요."

여기까지는 10대인 나도 납득할 수 있었다. 하지만 그
다음 그 선생님은 갑자기 이런 말을 꺼냈다. "어떤 고전시
에도 '그도 그렇지만 돈이 없으면'이라는 하구下句를 넣으

면 성립됩니다. 이뿐만 아니라 '그와 관련하여 돈을 원한다'도 어느 시에도 붙일 수 있습니다."

선생님은 이어서 말씀하셨다. "예를 들자면, '어느 새인가 내 마음에서 멀어져 가는 사랑, 후지산의 산봉우리에 걸린 하얀 구름 같도다'라는 시를 바꿔볼까요? '어느 새인가 내 마음에서 멀어져 가는 사랑, 그도 그렇지만 돈이 없으면….' 자, 제대로 새로운 시가 탄생했죠?"

그 수업은 나만이 아니라 반의 다른 친구들에게도 상당한 충격을 주었다. 지금도 가끔 만나는 동창도 때때로 그 수업의 이야기를 꺼내고는 한다. 그 후의 인생에서 친구도 나도 '그도 그렇지만 돈이 없으면' 또는 '그와 관련해서 돈을 원한다'는 말을 곰곰이 생각하게 되는 경우가 몇 번이나 있었다.

그렇다고는 해도 어째서 그 선생님은 수업 중에 갑자기 이런 말을 꺼낸 것일까. 지금 생각해보면 당시 이 선생님은 주택 대출 같은 것으로 어지간히 고민이 많았을지도 모르겠다는 생각이 든다. 어쨌든 고등학생 시절 이러한 '가르침'을 얻은 것을 나는 큰 행운으로 생각하고 있다. 사회나 인생은 달콤한 꿈만으로는 살아갈 수 없다는 것을 확실하게 배웠기 때문이다.

부자들이 자식에게 '경제 교육'을 하는 것은 두 가지로 나뉜다. 하나는 이미 부자가 된 부모의 경우 자신이 해온 고생을 자식만큼은 하지 않기를 원하기 때문인지 아이에게 돈에 대한 이야기를 하지 않는 타입이다. 다른 하나는 아이에게 돈에 대해 확실히 가르치는 타입이다.

결론부터 이야기하자면, 현재 사회에서는 돈이 없이는 살아갈 수 없음을 확실하게 가르치는 것이 좋다. 아니, 가르치지 않으면 그 아이는 부자가 되지 못한다. 돈에 대한 교육이라고 해도 어떻게 돈을 버는지 돈을 어떻게 손에 넣는지에 대해서 말하는 것은 아니다.

자수성가형 부자 중 하나인 F는 소규모이지만 벌써 30년 가까이 자신이 일으킨 회사를 경영하고 있는 여성이다. 즉, 버블이라거나 리먼 쇼크 같은 경기 불황을 훌륭히 이겨낸 경영자라는 것이다. 그녀에게는 딸이 한 명 있는데, 그 아이가 초등학생이 되었을 때부터 매월 생활비의 총액을 한 번 현금으로 바꿔 딸 앞에 나열해 보여준다고 한다.

"아빠와 엄마가 매일 일을 해서 집에 이렇게 돈이 있는 거야." 그리고 집세가 얼마, 자동차에 얼마, 학교에 지불하는 금액, 학원비, 거기에 전기나 가스, 식비 등에 대해서도 하나하나 가르쳐주며 나열해둔 돈에서 그 금액만큼 제한다.

그리고 "이렇게 돈이 많이 있어도 이렇게 사용하다 보면 사라져버린단다"며 설명을 한다. 생활을 하는 데 돈이 든다는 것을 이해하도록 만드는 것이다. 그 덕인지 그녀의 딸이 어릴 적에 가게에서 한 장의 지폐를 건넨 후 거스름돈을 받으면 "엄마, 돈이 늘어서 다행이네"라고 말해 크게 웃은 적이 있다고 한다.

F의 딸은 지금은 해외 투자계의 엘리트가 되어 전문적인 스킬을 발휘하며 훌륭히 일하며 세 명의 자식을 키우고 있고, 고액의 연봉을 받으며 경제 감각 있는 삶을 살고 있다고 한다.

무풍지대에서 자란 사람

장사를 하는 집의 아이는 돈에 대해 착실한 아이로 크

는 경우가 많다. 어릴 적부터 부모가 손님에게 머리를 숙이는 모습을 보며 자라기 때문이다. 업종에 따라 다르지만 아침 일찍부터 밤늦게까지 아버지도 어머니도 가게를 우선시하며, 그 덕에 생활을 이어갈 수 있음을 무의식적으로 깨달으며 살아간다. 이러한 환경에서 돈을 쉽게 손에 넣을 수 없다는 것을 자연스럽게 배운다.

한편, 샐러리맨의 가정에서 자라는 아이는 또 다르다. 특히 연봉에 여유가 있는 샐러리맨의 가정에서 자라면 돈의 현실에 대해 눈 뜨게 되는 경우도 적을뿐더러, 돈은 ATM에서 꺼낼 뿐인 것으로 생각하게 된다. 말하자면 '돈의 무풍지대'에서 자란다.

아버지는 매일 서둘러 회사로 가서 밤에 지친 얼굴로 집에 돌아온다. 어머니는 집안 일 등으로 바쁘다. 이런 환경에서 자라기에 돈을 어떻게 버는 것인지 전혀 알지 못한다. 돈에 대한 관심은 있지만, 돈에 대한 질문을 하면 예민하게 반응할 수 있다는 것을 아이들도 어렴풋이 알고 있기에 섣불리 묻지 못한다. 결국 아무것도 알지 못한 채 어른이 되어 간다.

나는 후자의 가정에서 자라 왔다. 부유한 가정이라고 할 수는 없었지만, 낭비를 하지 않으면 딱히 궁핍하게 살 정도는 아니었고, 돈에 대해 무관심하다기보다는 무지하게 살아왔다. 아버지가 더 이상 일을 하지 못하게 된 후에는 부모님이 어떻게 생활하셨는지에 대해서도 몰랐다. 그 결과, 매우 무방비하게 세월을 보냈다. 노후가 시야에 들어오자 슬며시 불안해지기 시작했다.

나중에 알게 된 바로는 부모님께 충분한 연금이 있지는 않았지만, 은퇴 전 작은 부동산을 사 두었기에 거기서 나오는 수입으로 큰 부족함 없이 생활하셨다고 한다. 두 분이 부동산에 투자해야겠다는 결정을 내린 것은 젊은 시절 아버지가 군수산업에 종사하던 중 전쟁이 끝나며 동시에 완전히 실업자가 되어버린 경험에서 얻은 지혜 덕분이었다.

만일 부모님이 내가 어른이 된 후라도 좋으니까 '살아가기 위해서는 돈에 대해 잘 생각해 두지 않으면 안 돼'라며 충고해주었다면 이렇게 무방비하게 살지 않았을 텐데라고 한탄하며 금전 교육을 전혀 해주지 않았던 부모님을 원망한 적도 있다.

그런 경험이 있어서 아이들이 초등학생 고학년쯤 되면 가정에서 금전 교육을 시키는 것이 좋다고 생각하게 되었다. 매달의 가계를 자세하게 알려줄 필요까지는 없더라도 집을 사거나 가족끼리 여행을 가거나 반려동물을 키우는 것 등 비교적 기억에 남을 만한 사건에 대해서는 금전 교육을 하는 것이 좋은 기회가 될 것이다. "이건 돈이 많이 들어간단다. 하지만 아빠도 엄마도 힘써 일하고 있으니까. 넌 걱정 마렴"이라며 설명을 해주면 좋을 것이다.

'1초'는 시간이 아니라
돈의 단위다

바쁜 척하는 사람일수록
별 볼 일 없다

얼굴 한번 보기 어려운 아버지

'아침식사는 반드시 가족 전원이 함께 먹는다.' 한 부자
가 '우리집 헌법'으로 삼고 있는 습관이다. 은행원 시절의
경험을 살려서 지금은 중소기업 경영자로 일하며 회사의
자금 융통이나 자금 기관과의 연계를 위한 조언을 하는 S
는 '인간으로서 충실한 삶을 살고 있지 않은 사람은 업무
능력도 늘어나지 않는다'고 말한다.

이 말에는 자신의 힘들었던 경험이 담겨 있다. 은행원이

던 시절 그는 집에 돌아오는 건 자정이 지나는 것이 보통이고, 주말도 접대 골프를 가거나 집에서 죽은 듯이 잔다. 같은 집에 살고 있어도 때로는 자식이 믿기 힘들 정도로 성장해 있어서 놀라는 경우가 빈번한 생활을 보내고 있었다.

하지만 그런 삶을 사는 사람이 멀쩡한 정신상태를 유지할 수 있을 리가 없다. 그는 점점 마음이 메말라 가고 있음을 확연히 느끼고 있었다. '가족과는 서로 마주보며 마음을 터놓고 살고 싶다.' 이렇게 마음을 먹었을 때, 자녀는 중학교에 진학해 부활동을 시작했다. 외동딸은 수영부에 들어가 수업 전에 운동을 한다며 아침 7시에는 집을 나가게 되었다. 마침 그즈음 경영 컨설턴트로 독립한 S는 '아침 일찍 일어나서 6시에는 가족이 함께 아침 식사를 즐기자'고 제안했고, 그 이후로 아침식사 시간이 가족에게 있어서 가장 소중한 시간이 되었다고 한다.

세계 제일 부호의 에너지원

세계 제일의 부자인 아마존의 사장, 회장, CEO인 제프 베조스가 미팅을 이른 아침에 하는 경우는 없다고 한다. 그는 아침에 가족과 식사를 하며 창조성 넘치는 이야기를 통해 기분 좋게 자극한다. 덧붙이자면, 설거지는 베조스의 역할이라고 한다. 세계 제일의 부자이면서도 중요한 개인 시간에는 하우스키퍼 등을 들이지 않고 순수하게 가족들과 시간을 보낸다고 한다.

지금 같은 시대에는 부부 두 사람이 서로를 자극하며 함께 성장해 가는 부부관계를 쌓는 것이 성공의 가능성을 단연코 높여준다. 로봇이나 AI가 점점 발달함에 따라서 사람에게 요구되는 최고의 기술은 인간으로서의 감성이나 감정이 되어가고 있기 때문이다. 풍부한 감성이나 감정은 풍부한 인간관계를 통해 함양되며, 그 원천은 가족에 있다. 좋은 가족을 가지는 것. 그것도 부자가 되기 위한 매우 중요한 조건 중 하나라고 할 수 있다.

24

'인생의 화폐'를
훔치는 사람

'시간은 생명의 일부'

협의나 취재 등 부자와 약속을 잡을 기회가 늘어나면서 통감한 것은 부자들은 결코 지각하지 않는다는 것이다. 미국의 시인 칼 샌드버그$^{Carl\ Sandburg}$는 '시간은 인생의 동전이다'라고 말했다. 지각은 타인의 돈을 못 쓰게 만드는 것이다. 직설적으로 말하면 타인의 돈을 훔치는 행위인 셈이다.

훔친 것이 돈이라면 그나마 변상을 할 수 있다. 하지만 인생의 화폐는 한 번 잃어버리면 다시 되찾을 수가 없다. 시간을 도둑질한 죄는 매우 무겁다. 부자들은 시간의 중요성을 매우 강하게 의식하고 있다. '시간은 생명의 일부'라는 말이 있을 정도다. 시시각각, 시간의 새겨짐은 생명의 고동 그 자체라고 느낄 때가 분명히 있다.

나는 소심한 사람이라서 애초에 지각은 거의 하지 않는 편이다. 정각을 넘거나 상대가 딱딱한 얼굴을 하고 있는 곳에 '죄송합니다'라며 모기가 우는 것 같은 작은 소리로 작게 사과하며 고개를 숙이고 자리에 앉는 겸연쩍은 상황을 견디지 못하기 때문이다.

그래서 무슨 일이 있어도 약속 시간 30분 전에는 지정된 장소에 가고는 한다. 상대를 기다리게 하는 것보다는 기다리는 것이 훨씬 마음이 편하다. 이 여유로운 마음이 협의나 회의에서도 한 발 앞선 상태에서 시작할 수 있게 해주는 것으로 이어진다.

교통 체증이나 지하철의 트러블 등으로 약속 시간을 지키지 못할 것 같다고 느끼면 그때 바로 상대방에게 연락을 하고 상황을 알리자. 어쩔 수 없는 이유로 지각을 할 경우라도 이것은 필수다.

문자를 보낼 때는 '지각합니다'를 먼저 적지 않고, '매우 죄송합니다'라며 우선 사과를 할 것. 이 첫 문장을 보고 상대는 '설마 갑자기 약속을 어기는 건가?'라고 생각한다고 한다. 하지만 '심한 교통 체증으로 인해 10~15분 정도 늦어질 것 같습니다'라고 이어지는 문장을 보고, 약속을 어기는 것이 아니라서 다행이라며 기대치의 차이가 생겨 실망스런 마음이 옅어지는 효과가 있다고 한다.

하지만 한 가지 주의할 필요가 있다. 교통 체증이나 트러블로 인한 지각은 어쩔 수 없지만, 늦어진다고 연락을 해뒀다고 해서 상대에게 미안함을 가질 필요가 전혀 없다고 생각해서는 안 된다. 어떤 이유이건 간에 지각은 지각이다. 상대의 귀중한 시간을 못 쓰게 만든 사실에는 변함이 없다는 것을 명심하자. 도착하면 다시 한 번 정중하게 사과해야 한다. 이유는 장황하게 설명하지 말자. 상대의 시간을 더욱 잡아먹기 때문이다.

비행기 결항에 대처하는 부자의 자세

일본의 유명한 부자인 D와 도심의 호텔에서 오전 10시부터 취재를 개시하기로 약속한 적이 있다. 전날 D는 삿포로에 방문해 있었다. 아침 첫 비행기를 타면 10시에는 여유롭게 도착할 것이라고 생각했지만 공교롭게도 폭설이 내리며 항공편에 대혼란이 일어났다. 결항이나 지연이 이어지고 D의 도착도 크게 늦어졌다.

이때 D의 대응은 놀라웠다. "아, 미안합니다. 비행기가 출발을 안 하네요"라고 하더니 "이제야 탑승이 시작됐습니다" "곧 이륙합니다" 등 도쿄에 도착하기까지 몇 번이고 경과 문자를 보내왔다. 마치 실황 중계 같았다.

하네다에 도착하고 나서도 '중계'는 계속되어 "지금 호텔에 도착했습니다" "엘리베이터에 탑니다"까지. 이런 모습은 정중하다거나 예의가 바르다기보다는 유머러스했다. 실제로 D가 라운지에 모습을 드러낸 순간 기다리고 있던 나와 다른 관계자는 작게 박수를 치며 그를 맞이했을 정도였다. D는 유난스러운 점이 있었지만, 애초에 많은 부자들이

유머 정신이 풍부하고 작은 일에 당황하지 않는다. 이런 여유로운 모습은 반드시 배워야 한다.

25

슈퍼리치는
왜 한 동네에 모여 사는가

그들은 왜 '그 동네'를 고집할까?

총자산 50억 엔 이상의 국내외의 대부호를 인터뷰해 정리한 책에 '대부호가 가장 원하는 것은 무엇인가?'라는 질문이 있었다. 대부호가 된 적이 없는 나로서는 상상이 되지 않는다. 사람의 마음일까, 건강일까, 여러 가지를 생각하며 머리를 싸맨 적이 있다. 이 질문의 정답은 바로 '시간'이다.

시간만은 부자에게도 가난한 자에게도 공평하게 하루 24시간으로 정해져 있다. 무익하게 시간을 낭비해 아무리 후회를 하더라도 돌이킬 수 없다. 돈으로도 살 수 없는 것이 시간이다.

이렇게 생각하면 부자들이 가장 원하는 것은 '시간'이라는 답변에 마음 깊이 납득하게 된다. 그래서 부자들은 단 1분도, 1초조차도 불필요하게 낭비하지 않는다. 그중 가장 우선되는 것이 일하는 곳으로의 이동 시간이다.

예전에는 '덴엔초후川園調布, 도쿄의 오오타구에 위치한 지역으로 일본의 고급주택가로 유명하다 - 역주에 집이 지어진다'는 말이 있을 정도로 고급주택이 늘어선 곳이 덴엔초후다. 그러나 부자들, 단적으로 말해 회사의 사장들이 사는 지역이 지금은 크게 바뀌고 있다. 도쿄상공리서치의 '2017년 전국 사장들이 사는 지역'에 의하면 기업의 CEO가 사는 지역 1위는 동경의 아카사카, 2위는 신주쿠의 니시신주쿠, 3위는 롯폰기였다.

사장이 된 사람은 직장과 주거지가 가까운 것을 강하게 원한다고 한다. 또한 이 지역에 많은 고급 타워맨션이 부자에게 압도적으로 인기가 높은 이유라고 생각한다. 치안도 좋고, 입구에는 경비원이 상주하고 있으며, 호텔과 같은 서비스도 받을 수 있다. 조망도 매우 좋다.

눈 아래로 사방을 조망하면 '천하를 가진 듯한' 기분이 들 것이다그래서인지 성에는 대부분 천수각(일본 전국시대 이후 지어진 성의 상징적인 건축물)이 있다. 마찬가지로, 초고층 맨션에서의 조망은 자신이 올라온 위치를 실감하게 해주는 효과가 있는 것이 아닐까.

무엇보다 마루노우치, 오오테마치, 긴자 등 비즈니스 중심가까지 차로 금방이다. 밤을 즐길 수 있는 번화가에서도 매우 가깝다. 어느 면에서 봐도 편의성은 최고다. 내가 아는 부자들을 대상으로 하는 의사들은 도심의 초고층 빌라 안에 병원을 가지고 있으며, 자택은 그곳의 위층이라고 한다. 이런 경우 통근 시간은 사실상 '제로'에 가깝다. 엘리베이터를 타고 내려갔다 올라갔다 하는 것으로 자택과 근무처를 오가기 때문이다.

부자들은 이렇게 근무처까지의 이동 시간을 최대한 줄이고 주중에는 빈틈없이 일한다. 느긋한 시간을 보내고 싶을 때는 주말을 이용해 교외로 나간다. 그런 라이프스타일이 부자들의 유행이라고 한다.

직장까지의 이동 시간을 최단 거리로 줄이는 것은 부자가 되기 위한 길임을 반드시 명심하길 바란다. 내가 거대 출판사를 그만두고 프리랜서로 일을 시작하기로 결심했을 때, 마찬가지로 프리랜서인 선배가 지겨울 정도로 강조한 조언이 '도심에 살아라'는 것이었다.

그렇다곤 해도 프리랜서인 편집자나 필자가 미나토구, 중앙구, 치요다구의 도심 3구에 사는 건 솔직히 어렵다. 허들이 너무 높다. 그래서 선배도 "가능하면 야마테노센의 안쪽에 살아라"는 정도의 뉘앙스였다.

아슬아슬한 정도였지만 나는 그 말을 지켰고, 지금도 고수하고 있다. 이곳에서는 대부분의 장소에는 30분이면 갈 수 있다. 그러자 오전 중의 협의, 오후의 협이 등이 실감하기에 2시간 정도로 끝나고, 남은 시간에는 일에 전념할 수 있었다. 편도 시간, 왕복 2시간이 걸리게 되면 겨우 1시간의 협의로 한나절이 걸리게 된다.

더욱이, 도쿄의 샐러리맨의 평균 통근 시간은 약 1시간이다. 이상적인 시간은 35분이라고 한다. 러시아워에 시달리는 것도 계산에 넣으면 어느 정도까지는 집세가 비싼 것을 각오하고 이동 시간을 최대한 단축하자.

당신이 사는 곳이 당신을 표현한다

사는 곳을 고를 때는 편리함에 더해 이미지도 매우 중요하다. 내가 아는 웹디자이너는 아직 발전 도중으로 부자라고는 할 수 없지만, 그의 명함에 나와 있는 주소는 '중앙구 긴자'이다. 실제로 사는 곳은 '아직도 긴자에 이런 곳이 있어?'라고 감탄할 만큼 긴자의 외곽에 있는 낡은 맨션이 몇 동 있는 곳이다. 그래도 긴자라는 주소의 효과는 충분하다. 무엇보다 어딜 가든 시간이 별로 들지 않는다. 비즈니스를 하다 보면 "어디에 사세요?"라는 화제가 곧잘 생긴다. 사는 곳을 고르는 것은 직업관이나 인생관이 확연히 드러나기 때문인지도 모른다.

어느 부자는 가루이자와에 살고 있다. 여기에서 매일, 도쿄로 출근하고 있다. 가루이자와라고 하면 도쿄에서 엄청나게 먼 곳에 살고 있는 것처럼 느껴지지만, 신칸센으로 겨우 1시간이면 오갈 수 있다. "교통비는 꽤 들지만, 휴일의 쾌적함을 생각하면 꽤나 이득인 기분이다"라고 그는 말한다.

프리랜서 동료 중에는 자택이 넷카이라고 하는 사람도 있다. 그의 경우는 평소에는 웹을 활용해서 거래처와 커뮤니케이션을 하며 협의 등으로 도쿄에 오는 것은 많아야 월에 2~3회라고 한다. 온천도 무료로 사용할 수 있다고 하니 정말로 부러운 곳이 아닐 수 없다.

시간의 쉼표와 마침표

'이 일은 몇 시까지'라는 규칙

"오늘은 점심까지 시간을 빼두었습니다. 이야기는 11시 30분까지, 나머지 30분은 질문을 받죠."

부자들은 대체로 일을 시작하기 전에 이렇게 말을 꺼낸다. 오전 중에는 이런 일을 할 예정이라고 밝히는 것은 누구나 흔히 하는 행동이다. 하지만 정해진 시간을 확인하고 그 시간을 어떻게 사용할 것인지 세세하게 분배하는 것까지는 생각하지 않는다.

부자가 되는 사람과 가난한 채로 계속 사람의 차이는 이런 디테일에 있다. 한정된 시간 내에서 어느 정도 정리된 이야기를 들을 때는 "오늘은 이런 것을 묻고 싶다"라는 요약을 작성해 미리 전달해두는 경우가 많다.

부동산으로 슈퍼리치가 된 M에게 질문했을 때는 미리 전해둔 요약에 대략적인 시간 분배가 적혀 있어서 매우 놀란 적이 있었다. '첫 번째 항목은 10시까지, 두 번째 항목은 11시 30분까지…'라는 식으로 절차가 정해져 있어 그것을 가이드라인으로 삼가 이야기를 진행한다는 것이다.

취재나 구연 등에서는 생각처럼 시간 분배가 잘되지 않고, 첫 항목에만 긴 시간을 소요하게 되어 중요한 고비에서 결론에 이를 즈음에 시간이 부족하게 된다. 이야기가 대폭 생략되는 경우가 많다.

요약에 시간 분배를 메모, 말하자면 일을 진행하는 시간에 구두점을 찍어 둔다. 이렇게 하면 일이 도중에 끊기는 경우는 없을 것이다.

스톱워치를 들고 다니는 베스트셀러 작가

매월 한 권의 신간을 내면서 계속해서 베스트셀러 작가의 자리를 놓치지 않고 있는 메이지대학교의 사이토 고齋藤孝 교수는 항상 스톱워치를 가지고 다닌다고 한다. 원고를 쓸 때도, 협의를 할 때도, 시작할 때 스톱워치를 켜서 일에 걸리는 시간을 가늠한다.

이렇게 하면 일에 걸리는 시간을 정확하게 알 수 있다. 그 결과 다음에 같은 일을 할 때는 필요한 시간을 예측할 수 있고, 자연스럽게 이전에 같은 일을 했을 때보다 빠르게 끝내려는 마음이 생긴다.

이런 반복을 통해 일을 하는 속도가 점점 빨라지고 업무 능력도 늘어나게 된다. 이에 익숙해지면 같은 일을 처음 시작했을 때의 절반 정도의 시간으로 끝마칠 수 있게 된다고 한다. 사이토 교수가 다방면에서 활약하는 근저에는 스톱워치를 활용한 방법이 지탱하고 있다고 본다.

일중독은
인생의 낭비

불태우며 일하는 것은 서른까지만

부자가 되고 싶은 사람은 '어쨌든 열심히 일하자'고 생각하기 쉽다. 조금의 시간도 아끼며 일한다. 대부분의 사람은 이것이야말로 성공을 위한 빠지지 않는 방법이라고 생각한다. 나 또한 그렇게 생각했다.

젊을 때부터 정말 일을 잘하는 사람이었다. 일뿐만이 아니라 취미나 친구와의 관계, 가사 등에도 마찬가지로 잘하는, 흔히 말하는 '가만히 있지 못하는 타입'이었다. 만원 통근 지하철 속에서도 당시에는 스마트폰의 애플리케이션 등이 없었기에 소형의 녹음기로 영어회화를 듣고는 했다. 출장을 가기 위해 탄 신칸센이나 비행기에서도 자료가 되는 책을 읽거나 기획안을 읽거나 보고서를 정리하곤 했다. 집에서 쉴 때도, 하물며 TV를 볼 때도 가방을 정리하거나 내일 일의 준비를 하는 등 계속해서 손을 움직이고 있었다.

스스로 생각하기에도 열심이라고 느꼈고, 내심 좋은 평가를 받고 있다고 생각했지만, 어느 날 함께 사는 친구가 거침없이 이런 말을 건넸다.

"정말 열심히 일하네. 네 조상은 이집트에서 돌을 쌓던 사람이었던 거 아냐?"

이 말을 들은 순간 나는 퍼뜩 정신이 들었다. 친구는 내 조상을 노예라고 한 것이다. 물론 이 말은 일을 계속하는 것이 결코 좋은 건 아니라는 충고를 유머러스하게 한 것이었기에 결코 불쾌하게 느껴지지는 않았다. 하지만 내심 커다란 충격을 받았다. 힘껏 일하며 한결같은 마음으로 꾸준히 노력을 쌓아 간다는 자신의 가치관에 제동이 걸렸기 때문이다.

그렇다. 악착같이 일하는 것으로 끝나는 하루는 듣고 보면 노예의 생활과 다를 것이 없다. 짧은 시간을 아쉬워하며 악착같이 일하는 건 결코 부자가 되는 것과는 무관함을 깨달아야 했다. 인생의 방향키를 부자의 길로 향하게 하기 위해서는 마구잡이로 노력만 하면 되는 단순한 생각에서 빠져나오는 것이 선결되어야 함을 통감했다.

시간을 아끼며 일을 하는 것을 전면 부정하는 건 아니다. 시간의 사용법도 인생이라는 스테이지의 향상과 함께 업그레이드해야만 한다는 것이다. 예를 들어 수험을 볼 때나, 일을 처음 시작했을 때는 다른 사람의 3배 이상 열심히 일하는 것에도 큰 의미가 있다.

H는 전국적으로 상위권 부자에 속하는 사람으로, 그의 본업은 국제 변호사다. 주말에는 성공철학을 중심으로 한 강연 활동을 뛰고 있다. 변호사 사무소가 있는 곳은 규슈로 매주 금요일의 마지막 비행기를 타고 도쿄로 날아와서는 매번 묵는 외국 자본계의 고급 호텔에 자리 잡고 주말 동안 빽빽하게 활동을 하고 일요일 마지막 비행기나 월요일 아침 첫 비행기로 문자 그대로 날아간다. 이러한 사이클을 벌

써 10년 이상 계속하고 있으며 본업의 규모는 점점 커져 갔다. 우수한 경력의 변호사를 수십 명이나 고용하고 있을 정도로 말이다.

본업과 함께 겸하고 있는 강연 활동도 순항 중으로 강연회는 항상 만원이다. 저서도 많고, 어느 책도 증쇄를 하며 베스트셀러 작가로서 얼굴도 알렸다. 현재, 50대에 발을 막 들인 활력이 감소하는 나이다.

그는 사법시험에 합격하기까지는 주위의 누구보다도 열심히 공부했다고 한다. 해가 뜨기 전에 대학교의 도서관에 가서 수업이 시작하기 전까지 일편단심으로 공부했다. 수업이 끝나면 밤늦게까지 아르바이트를 했다. 그러다 보니 막차를 타고 집에 돌아오는 것이 당연한 일이 되었다고 한다.

"H는 대체 언제 자는 걸까 하는 말이 나돌곤 했어요"라고 그의 주변인이 말하기도 했다. 이러한 시절을 보냈기에 현재의 H가 있는 것이다.

H는 "닥치는 대로 공부하고, 일을 하는 것은 30대까지다. 30세가 넘으면 자신만의 시간을 가지도록 해야지, 안 그러면 자기 자신이 사라져 버린다."고 말했다. 또한, 부하가

한 명이라도 생기면 자신을 쥐어짜는 생활을 해서는 안 된 다고 한다.

"부하나 동료와는 제대로 마주하지 않으면 함께 잘 해나 갈 수 없다. 부하와 동료를 마주하여 업무의 파트너로 삼아 야만 한다. 주변인을 잘 활용하면 그것만으로도 자신의 능 력이 2배, 3배로 늘어난다."

여유로운 시간, 여유로운 지갑

H와는 1년에 한두 권의 책을 계속해서 만들고 있다. 그래서 협의, 취재 등을 위해 만날 기회가 적지 않지만, 지금도 아침 일찍 일어나는 습관은 변함없다. 아침에 그 가 가장 먼저 하는 일은 호텔 내의 트레이닝센터 가는 것 이다. 매일아침 몸을 단련하기에 말끔한 몸을 유지하고 있다.

밤에는 규슈에서도 도쿄에서도 어떤 일도 하지 않고, 친 구를 만나 식사를 즐긴다. 최근에는 콘서트에 빠져 도쿄에서가 아니면 들을 수 없는 연주회에 자주 간다고 한다.

"지금은 저 녀석 대체 언제 일하는 걸까 하고 생각하지 않을까요?"라고 H는 웃으며 말했다. 물론 전력을 다해 일하고 있다. 주말에 집중적으로 사람을 만나기도 하고, 업무 약속도 꽉 차 있다. 하지만 그는 전혀 바빠 보이지 않는다. 그런 여유가 그의 부자로서의 면모를 돋보이게 한다.

통장 잔고는 인생의 최종 목표가 아니다

28

말만 번지르르한 사기꾼

자기 자랑은 콤플렉스의 표출이다

자기 자신을 좀 더 드러내고 싶어 하거나 인정받고 싶어 하는 사람이 있다. 이러한 욕구를 '승인욕구'라고 하며 많든 적든 누구나 이런 욕구를 가지고 있다. 어린 아이는 옷을 스스로 입을 수 있게 되었다거나 보조바퀴 없이 자전거를 탈 수 있게 되면 의기양양하게 부모에게 자랑하며 잘했다고 칭찬해주길 원한다. 이러한 것이 전형적인 '승인욕구'이다.

어른이 되어서도 이 욕구는 사라지지 않는다. 아니, 오히려 주변인을 의식하게 되어 '남에게 인정받고 싶다'는 마음은 점점 강해져 간다.

"나는 이것에 관해선 일본에서 다섯 손가락 안에 드는 전문가예요."

"곧 창업을 해서 이 업계에서 최고가 되려고 합니다. 반드시 성공할 자신이 있습니다."

"10년 후, 아니 5년 후에는 저 빌딩의 주인이 되고 싶어요. 반드시 꿈을 이룰 거예요."

이처럼 자기 어필이 매우 강한 사람이 적지 않은데, 이런 부류의 대부분은 실제로는 말과는 달리 업무 능력이 떨어지는 경우가 많다. 사실은 스스로의 능력에 대한 자신이 없어서 속으로는 초조해한다. 자신이 없어서 뭘 해도 남의 평가를 신경 쓰게 된다. 주변 사람보다 자신이 더 뛰어나다고 인정받고 싶어 한다. 하지만 자신이 없는 걸 남에게 들키고 싶어 하지 않기 때문에 누군가가 묻기도 전에 "내가 말이야"라며 자기 자랑을 일삼는다.

자기 자랑은 실제 자기 능력의 부족함을 가리기 위한 행위이다. 즉, 콤플렉스의 표출인 것이다.

반대로 자기 일과 능력에 만족하고 있는 사람은 자신의 능력이나 하는 일을 스스로 내세우지 않는다. 스스로 자신의 업무 능력이 어느 정도의 수준인지 잘 파악하고 있다. 당연하게도 능력을 더 발전시키려는 자세를 가지고 있으며, 초조해하지 않고 한 발 한 발 앞으로 나아간다. 그리고 자신이 발전하고 있음을 분명하게 인식하고 있다. 항상 자신이 목적지에 도달한 것이 아니라 목적지를 향해 가는 도중이라고 생각하고 있기에 자신의 성과를 남에게 자랑하지 않는다. 그리고 항상 자신감에 충만해 있다. 자신을 드러내지는 않으면서도 스스로 자신의 능력을 인정하고 있는 것. 이 절묘한 밸런스가 성공의 길로 이어지는 것이다.

나 자신을 긍정할 때 나오는 힘

주변인을 너무 신경 쓰면서 사는 사람을 보고 있으면 주제넘지만 조금 안타까운 기분이 든다. 매우 피곤하고 힘든 생활을 보내고 있다고 생각된다. 주변을 둘러보면 천차만별의 사람들이 보인다. 한 사람 한 사람, 정말이지 하나부터 열까지 같은 곳이 하나도 없어서 감탄이 나올 정도이다. 머리가 좋은 사람과 나쁜 사람, 운동 신경이 좋은 사람과 나쁜 사람. 날씬하고 키가 큰 사람이 있으면 작은 사람이 있고, 잘생긴 사람이 있으면 못생긴 사람도 있다. 이러한 것은 대부분 타고난 것이다.

요즘 같은 시대에는 학교의 편차치나 취직한 회사에서의 업무 평가부터 평균 급여 등 무엇이든 찾아보면 바로 알 수 있어서 사회적 위치가 어디쯤에 있는지 알 수 있다. 어떤 의미에서 현대는 지금까지 있었던 어느 시대보다도 혹독한 시대인지도 모른다. 하지만 그런 시대이기에 더더욱 주변인과 자신을 비교하면 자신만 더욱 괴로워진다는 것을 알아야 한다.

콤플렉스에서 벗어나자. 콤플렉스에 빠져 있어서는 아무것도 할 수가 없다. 바라봐야 하는 것은 타인이 아니라 자기 자신의 내면이다. 의지할 수 있는 것도 자신의 머리와

몸, 그리고 심장뿐이다. 뛰어난 사람은 일도 공부도 살아가는 것도 자신의 머리와 다리를 이용하는 방법 외에는 없다는 것을 아주 잘 파악하고 있다. 이 사실을 깨닫게 되면 남에게 자랑을 하거나 콤플렉스로 괴로워하지 않게 되고, 있는 그대로의 자신을 받아들일 수 있게 된다.

있는 그대로의 모습으로 살아가라

여러 방면의 부자들과 만날 기회가 있었지만, 부자는 모두 매우 솔직하고 숨김이 없었다. 허세를 부리지도 허풍을 떨지도 않는다. 태연하게 속마음을 묻고, 상대방을 있는 그대로 받아들인다. 부자들은 모두 그렇다. 어쩌면 이것은 당연한지도 모른다. 어떤 일이든 가장 중요한 것은 사람과 사람의 관계다. 특히 일이란 것은 혼자서 할 수 있는 게 거의 없다. 그리고 가장 좋은 인간관계는 상대의 기분을 편안하게 해주는 관계다.

편안한 관계는 함께 있으면 즐거운 관계로 이어진다. 즐

거운 시간은 시간이 빠르게 흐르고, 오래 걸리는 일도 질리
거나 지치지 않고 즐거운 마음으로 할 수 있게 만든다. 부자
들, 즉 성공한 사람들은 어떤 것을 물어도 자신에 대해 꾸밈
없이 솔직하게 이야기한다. 상대에 따라서 태도를 바꾸지도
않으며 항상 있는 그대로의 모습을 보여준다. 그래서 상당
히 심각한 비즈니스 안건을 권할 때도 필요 이상으로 긴장
하거나 부담감을 가지지 않고 초조함이나 피곤함을 느끼지
않는다. 아니, 오히려 함께 있는 시간이 편안해서 시간이 언
제 가는지 모르는 경우가 허다하다.

　반대로 자신의 껍질 속에 갇혀서 속마음을 전혀 내비치
지 않는 사람은 대체 무슨 생각을 하고 있는지 알 수가 없
다. 그래서 지금 기분이 어떤지 묻기 위해서 주변 사람은 상
당히 신경을 쓰게 되어서 매우 피곤해진다. 부자가 되고 싶
다면 우선 솔직하게 있는 그대로의 모습을 보여라. 그러면
주변도 자신도 편안해지고 업무 능률도 오르게 된다.

　나는 어릴 적부터 낯가림이 심하고 처음 만나는 사람에
게는 도저히 마음을 열지 못했다. 하지만 이래서는 일을 진
행시킬 수 없음을 많은 경험을 겪으며 통감하면서 점점 변

하기 시작했다. 아무리 긴장을 하더라도 자신이 변하는 건 없다. 허세를 떨어봤자 상대방은 다 꿰뚫어보고 있다. 아무리 열심히 자신이 보여줄 수 있는 것 이상을 보여주려고 해도 결국은 밑바닥이 드러나기 마련이다.

허세가 드러나면 본인도 물론 창피하겠지만, 상대방 또한 거북해지고 분위기는 그 이상으로 매우 어색해진다. 그러므로 처음부터 허세를 부리지 말고 솔직하고 있는 그대로의 자신의 모습을 상대방에게 보여주고 협력해 나가면 된다. 그것이 좋은 관계성을 이루어 가는 가장 좋은 방법이다.

나는 이것을 깨닫고 난 후로 가능한 나부터 솔직하게 이야기를 꺼내고 꾸밈없는 내 모습을 상대방에게 보여주려고 노력한다. 지금은 다른 사람과 마주하는 것을 그렇게 부담스럽게 생각하지 않게 되었다. 그 덕분인지 최근에는 일을 하면서 처음 만난 사람과도 그다지 어색한 모습을 보이지 않게 되었고, 적어도 나 자신은 마음이 편해졌다. 그리고 아마도 나와 마주하는 상대방도 마음이 편했을 것이다.

'하지만'이라는 단어가
사전에서 사라진다면

절대 쓰지 않아야 할 말

　어릴 적에 부모님께서 말대답하지 말라며 나를 엄하게
혼낸 적이 있다. 아마 이런 경험을 한 것이 나 혼자만은 아
닐 것이다. '하지만'이나 '그래도'라며 투정을 부리는 버릇
이 좀처럼 고쳐지지 않아서 부모님이 '하지만'이라는 말을
못하게 할 정도였다. 그러나 이건 아주 좋은 방법이었다.
'하지만'이라는 말을 하지 못하게 되면 의외로 자연스럽게
말대답이나 변명을 하지 않게 된다.

어른이 되어서도 상사 등에게 어떤 지적을 받았을 때 조건 반사적으로 변명을 하는 사람이 꽤 많다. 대부분의 문제는 여기서 일어난다. '하지만'이라는 말을 꺼낸 후에는 반드시 '저한테는 어려운 일입니다'라거나 '지금은 바빠서 안 되겠어요' 같은 부정적인 말이 나온다. 이런 말은 상대방에게 오히려 솔직하게 거부하는 것보다 더 기분 나쁘게 받아들여진다. 기껏 말을 걸어준 상대에게 '하지만'이라는 말과 함께 변명하며 상대의 비위를 건드려서는 될 일도 되지 않게 만든다. 이런 행동을 거듭해서는 당연히 부자가 될 수 없다.

당신이 '하지만'이라는 말을 잘하거나 버릇처럼 변명을 하는 사람이라면, 지금부터는 '하지만'이라는 말을 하지 말자. 변명도 하지 말자. '그래도'라거나 '그런데' 같은 말도 마찬가지다.

긍정으로 시작하는 대화

'하지만'이라며 변명을 하는 버릇은 상상 이상으로 고치기 힘들다. 왜냐하면 어릴 적부터 반복해 왔기 때문이다. 그래서 변명을 대신할 말을 준비해두지 않으면 금세 이전의 버릇이 튀어나오고 만다. 그러므로 무언가 변명을 하고 싶어지면 우선 상대방의 말에 긍정하자. 상대방이 어떤 말을 하든 우선 받아들이고 나면, 그 후로는 불평이나 불만, 반감이 생기지 않는다. 설령 불만이나 반감이 들 만한 말을 하게 되었더라도 먼저 했던 긍정의 말이 불만이나 반감의 뉘앙스를 절충해준다.

"좀 더 빨리 일해"라는 말을 들었을 때 "하지만…"이라고 대답하면, "일이 엄청나게 밀려 있어요. 지금도 최대한 서두르고 있다고요. 여기서 어떻게 더 빨리 하란 거죠?"라며 불만이 튀어나오게 된다.

그러나 '네'라고 긍정의 말로 받으면 "가능한 서둘러야 하는 일부터 처리하도록 노력할게요" 같이 부드럽게 말이 나오고 긍정적인 대답에 상대방 또한 좋게 받아들인다. 문제 해결을 위한 적극적인 자세는 주변 사람들의 기분마저 활기차게 만든다. 변명을 하지 않는 것이 별거 아닌 것처럼 보일 수도 있지만 이어지는 말에 따라 주변인에게 주는 영향, 그리고 그 이상으로 그 말을 꺼내는 자신의 마음에 큰 변화를 주게 된다.

　말에는 힘이 깃들어 있음을 기억하자. 단 한 마디 말이라도 방법에 따라서 스스로의 의욕을 낮출 수도 있고 반대로 의욕이 생기게 만들 수도 있다.

화를 낼 때도
품격 있는 손정의

다혈질의 싸움꾼

성공한 사람들은 모두 항상 여유롭다. 아주 예민해져 있는 모습을 본 적이 없다. 하지만 굳이 말할 것도 없이 그런 모습은 대외적인 모습이다. 친해지고 보면 잘난 사람들은 상당히 다혈질인 사람이 많다. 그것은 일본의 대표적인 부자인 손정의도 마찬가지라고 한다. 손정의와 친한 어느 신문사의 뉴스 진행자는 이렇게 말했다.

"손정의는 다혈질입니다. 회사 밖에서 화를 잘 내고 싸움도 자주했어요. 아니, 싸움이라고 하면 어폐가 있네요. 자주 소송을 했어요. 사내에서도 화를 잘 내는 것처럼 보여요. 하지만 그건 지시한 일이 제대로 처리가 되지 않은 일 등의 매우 당연한 일을 지적하는 것일 뿐, 말투가 험악하긴 해도 진짜로 화를 내는 건 아니에요."

이렇듯 그가 화를 내는 데는 그만한 이유가 분명히 있다. 게다가 화를 내는 그의 모습을 본 한 사람은 "화를 내는 데도 왠지 품격이 있어요. 화를 내도 미워할 수 없지요"라고 말하기도 했다. 그저 단순히 감정을 폭발시키는 게 아니라 정당한 이유를 대고 도를 지나치지 않기 때문이라고 한다.

성공하는 방법을 다루는 대부분의 책에는 '화를 내지 마라' '화를 내서는 안 된다'고 쓰여 있다. 하지만 나는 반대로 성공하고 싶다면 화를 내라고 말하고 싶다. '화'는 본래 부정이나 불공평과 같은 사회에서 용납할 수 것에 대한 외침이다. 사원이나 동료를 향해 화를 내는 것에도 대부분 상대에게 잘못이 있는 경우가 많으며, 이런 경우에도 '화는 부정적인 감정'이라든가 '절대로 화를 내서는 안 돼'라고 한다면 문제는 결코 개선되지 않는다.

필요하다면 소송을 걸어서라도 해결해야 하고, 상대가 잘못한 경우에는 상대방이 무엇을 잘못했는지 이해할 때까지 어째서 화를 내고 있는지 알려줘야 한다. 어디까지나 내 생각이지만 화를 거의 내지 않는 사람, 예를 들어, 미야자와 겐지高沢賢治의 시 〈비에도 지지 않고雨ニモマケズ〉에 나오는 '언제나 조용히 웃고 있지'와 같은 사람 중에는 호기심이 부족하고 감수성도 떨어진다. 좀 더 명확하게 말하면 인간적인 적극성이 부족한 사람이 많다고 느낀다.

반대로 여러 가지 일에 화를 잘 내는 사람은 그만큼 활동적이고 주변인의 삶의 모습이나 생활방식에도 주의를 기울이는 경우가 많다. 내 생각이 크게 잘못되지 않았다는 증거로, 성공한 사람들 중에는 화를 잘 내는 사람이 많다. 물론 그렇다고 해서 무조건 화를 내는 건 아니다. 그들은 '화'라는 에너지가 크다는 것을 알고 있기에 화를 잘 컨트롤해서 좋은 방향으로 분출한다.

앞에서 언급했던 아마존의 회장인 제프리 베조스는 창업한 지 얼마 되지 않았을 때는 자주 흥분을 하는 타입이었다. 그래서 베조스는 전속 심리 코치를 고용해서 화를 컨트롤 하는 방법을 배웠다고 한다. 베조스의 이 선택은 매우 현명하다고 할 수 있다. 화가 치밀어 올라도 그 감정을 컨트롤해서 다른 방향으로 쏟아내는 심리적 기술을 익히지 않았다면 지금의 아마존도 없었을 것이다.

감정을 컨트롤하기 위한 시간, 6초

화는 매우 격한 감정이지만 길게 지속되지는 않는다. 심리학적으로 연구한 결과에 따르면 화라는 감정이 가장 격한 건 약 6초간이라고 한다. 물론 모든 화가 6초가 지나면 완전히 사라지는 건 아니지만, 가장 격해지는 6초를 잘 넘길 수 있으면, 부하에게 고함을 질러서 직장 내 괴롭힘으로 지적당하거나 곤경에 빠지는 경우는 사라질 것이다. 어느 심리 카운셀러의 화를 컨트롤하는 법을 소개하고자 한다.

머리끝까지 화가 치솟으면 마음속으로 시계를 떠올리자. 그리고 '1초, 2초, 3초' 하고 초침이 움직이는 것을 세어보자. 아주 간단한 방법으로 화를 컨트롤할 수 있게 된다.

머릿속에 떠올린 초침의 움직임을 가만히 바라보고 있으면 6초는 순식간에 지나간다. 그리고 언제 화가 났었냐는 듯이 감정도 가라앉아 있을 것이다.

화를 내는 사람보다 나쁜 사람이 있다. 그건 바로 불안을 확장시키는 사람이다. 사람은 모두 한 치 앞도 보이지 않는 삶을 살아가고 있다. 사람이 알 수 있는 건 바로 지금 이 순간뿐이다. 그런데 앞일을 괜히 걱정하는 사람이 적지 않다. 그리고 그 걱정거리를 너무 쉽게 입에 담는다. 예를 들면 이렇다.

"얼마 전에 홋카이도에서 일어난 지진이 엄청 났지요. 전문가의 얘기로는 일본 전 지역에서 언제 어디서든 지진이 일어나도 이상할 게 없다고 하네요. 안심하고 잠도 자기 힘들어요."

"미국의 주가가 점점 떨어지고 있죠. 그래서 일본의 주가도 계속 떨어지기만 해요. 대체 어디까지 떨어질 건지 모르겠어요."

이런 이야기는 듣는 사람의 마음도 불안하게 만든다. 앞날의 불안을 이야기하는 건 주변 사람의 마음까지도 불안하게 만드는 상당히 질이 안 좋은 행위라고 자각해야 할 필요가 있다. 반대로 성공한 사람이나 부자 중에는 성격이 밝고 낙관적인 사람이 많다. 지진이나 주가가 신경 쓰이지 않는 건 아니다. 하지만 신경을 쓴다고 해서 변하는 건 없다는 것을 알기에 마음을 굳게 먹고 자신이 지금 해야 하는 일에 전념한다.

'걱정거리의 90%는 실제로 일어나지 않는다'고 한다. 이 말은 어떤 문제 상황도 일어나지 않는다는 의미가 아니다. 어떤 일이 일어나더라도 일어난 일은 그대로 받아들이고 해야 할 일을 함으로써 문제를 할 수밖에 없다는 것이다. 그러는 사이에 불안은 사라진다. 그러면 결과적으로 불안해했던 일의 90%는 일어나지 않은 것처럼 느껴지게 된다.

대부분의 일은 어떻게든 되기 마련이다. 그렇기에 지금 이렇게 건강하게 살아있는 것이다. 앞으로도 지금처럼 잘 해나갈 수 있다는 마음가짐을 가지면 불안이라는 감정은 완전히 사라질 것이다.

시간과 시간
사이의 틈

갑자기 중요한 일정이 생긴다면

나는 20년 가까이 어느 업계의 잡지에 깊이 관련해오고 있다. 그러는 사이에 1조 엔 기업에서부터 매상이 1억 엔대인 작은 기업의 사장까지 다양한 사람을 만나 왔다. 그중에 작은 기업이었지만 최근에 TV 광고를 자주 내보낼 정도로 크게 성장한 회사의 사장인 Y가 유난히 기억에 남아있다. Y는 참으로 흥이 많은 사람이었다.

취재가 끝난 후 잠시 잡담을 나누다가 개점한 지 얼마

되지 않은 상업시설에 대해 이야기하게 되었다.

"상당히 재밌어요. 특히 오래된 서점이 서점이라는 틀을 벗어던지고 레트로한 연출을 하고 있는 게 흥미롭지요. 그리고 오래된 이발소도 있어요."

내가 이렇게 말하자 Y는 "오호, 재밌겠네요. 그럼 이번에 같이 갈까요? 거기서 점심을 먹죠"라고 하더니 옆에 있던 사원에게 "오후의 그 예정은 좀 늦을 것 같다고 연락해주겠어?"라고 말하고는 바로 외출 준비를 하는 것이었다. 매우 흥이 많고 행동이 빠른 사람이었다. 길을 걸으며 물었더니 "모든 것에는 타이밍이란 게 있어요. 타이밍을 절대로 놓치지 않기 위해서 때로는 예정을 갑작스럽게 변경하더라도 지금 해야 할 일을 선택할 때가 많다"고 한다.

가득 쥔 손으로는 새로운 것을 잡을 수 없다

새로운 것에 흥미가 많은 이 사람은 그 후에 반드시 얼어야 한다고 느낀 캐릭터의 저작권을 누구보다 빨리 얻어, 폭발적인 히트를 시키면서 급성장을 이룬 것은 업계의 전설이 되었다. 어떻게 그렇게 빠르게 행동으로 옮길 수 있었냐는 질문에 그는 "나중에라거나 다음에라며 미뤄서는 아무것도 할 수 없잖아요?"라고 답했다.

어떤 일을 나중으로 미루지 않기 위해서 이 사장은 꼭 스케줄을 기본적으로 대략적으로만 짠다고 한다. 예를 들어, 오전 중에는 이 일과 저 일을 하고, 오후에는 그 일과 이 일을 하자. 회의나 거래처와의 약속은 물론 별개이지만, 사내 회의 등은 "바쁘지 않은 사람은 모이자"라며 가볍게 말을 건네는 것으로 시작하는 경우가 많다고 한다.

그는 때때로 스케줄 수첩을 펼쳐서 책상에 올려두고 조금 멀리서 바라본다고 한다. "이렇게 멀리서 봤을 때 수첩이 일정으로 가득해서 까맣게 보이면 안 돼요. 적당한 흰 곳이 있어야죠. 즉, 일정이 잡혀 있지 않은 시간이 있어야 해요. 스케줄 관리는 가능한 여유롭게 잡아요."

기계를 만들거나 건물을 세울 때, 명인들은 빼곡하게 만들지 않고, 일부러 조금 틈을 두고 만든다고 한다. 장인은

이 틈을 '여유'라고 부른다. 여유가 없으면 건물도 강도를 버티지 못하고 오래 가지 못한다. 스케줄 수첩의 흰 부분이 바로 이 여유라고 할 수 있겠다.

32

자린고비의
말로

무엇을 하든 금액부터 말하는 습관

"멋진 배낭이네요. 나도 배낭 좋아하는데 좀처럼 좋은 물건을 못 고르겠어요"라고 말을 건네온 사람이 있다고 하자. 이럴 때 "좋죠? 5만 엔이나 주고 산 거예요"라고 대답하는 사람이 있다. "○○ 레스토랑에 자주 가신다던데요. 좋아하는 이유는 뭔가요?"라고 물었을 때도 "두꺼운 스테이크를 3천 엔대의 가격으로 먹을 수 있거든요. 엄청나죠"라며 항상 금액 위주로 대답을 한다.

이처럼 무언가를 물어봤을 때 가격을 먼저 말하는 것은 금액을 확실하게 말하지 않으면 그 가치가 전해지지 않는다고 생각하기 때문이다. 돈에 관심을 두는 것은 부자가 되기 위한 첫걸음이다. 하지만 "그는 연봉도 1천만 엔은 넘지 않을까. 저렇게 젊은데 대단하죠"라며 무엇에 대해서든 구체적인 금액을 입에 담는 사람은 액수로밖에 가치를 판단하지 못하고 있다고 말하는 것과 같다. 이러면 오히려 궁상맞고 품위 없어 보인다.

싼 게 비지떡이라는 말이 있듯이, 반대로 가격이 비싼 건 확실히 제값을 한다. 하지만 정말로 좋은 물건은 가격이 아니라 물건의 주인이 얼마나 만족하는가에 달려 있다. 그래서 질문을 받게 될 때 가격이 아니라 어째서 그 물건이 좋은지를 상대에게 전달하는 것이 중요하다.

앞에서 말했던 배낭에 대한 예를 들어보자. 그럼 이런 대답을 건넬 수 있을 것이다. "이거 좋죠? 등에 매었을 때 내 몸에 착 감겨요." "사용하는 사이에 가죽이 길이 들여져서 멋진 광택이 나죠. 그게 특히 마음에 들어요."

"비싸 보이네요"라며 누가 질문해 오면 농담으로 답을

회피하거나 "큰맘 먹고 산거지만 매우 만족하고 있어서 잘 샀다고 생각하고 있어요" 같이 구체적은 금액을 얘기하지 않으면서 나름 비싸다는 느낌을 전해주는 것이 좋다. 정말 로 속이 깊은 사람은 너무 직설적이지만은 않다는 것을 기억해두자.

돈을 쓰는 방법에도 완급이 있다

한 지인의 이야기다. 그는 어떤 맛있는 음식이나 좋은 여행보다도 바흐가 좋다고 한다. 그는 방송국에서 근무하던 때부터 일반기업보다 연봉을 많이 받았던 것 같지만 부자라고 할 정도는 아니었다. 하지만 그는 생활방식이 아주 멋스러웠다.

독일의 라이프치히에서 시행되는 바흐 음악제가 있다. 그는 매년 그 음악제에 가기 위해서 열심히 일한다. 음악제는 매년 5월쯤에 10일간에 걸쳐 펼쳐지며, 그동안은 거리 전체가 바흐로 가득해진다고 한다. 그는 거기서 일주일

정도를 지내기 위해서 그때 모든 휴가나 돈을 집중적으로 사용해서 1년 치의 감동을 얻고 온다. 그 때문에 다른 일에는 휴가나 돈을 쓸 여유가 없지만 그래도 그는 매우 만족하며 자신의 인생을 살아가고 있다.

바흐가 되었든 유적을 여행하든 아니면 또 다른 어떤 것을 해도 상관없다. 맛있는 음식을 먹는 걸 좋아해서 맛집을 찾아다니며 시내의 음식점에 용돈을 다 써버리는 사람도 있다. 그림을 좋아해서 작은 미술관 등을 돌아다니며 마음에 든 작은 판화 등을 사는 것에 기쁨을 얻는 사람도 있고, 게임에 빠져서 매주 아키하바라나 나가노에 가서 게임 관련 제품이나 피규어를 사서 방에 한가득 장식을 하는 사람도 있다.

이처럼 이것이 좋다, 이것만 있으면 즐겁게 살 수 있다고 느끼는 곳에 돈을 쓰는 사람은 수중에 얼마가 있든 상관없이 항상 표정이 밝고 행복으로 가득해 보인다. 이런 사람들 또한 어떤 의미로는 부자라고 할 수 있다. 적어도 가난하다고는 할 수 없을 것이다. 마음이 항상 기쁨과 행복으로 가득하다면 그것으로 충분할 것이다. 그들에게 있어서 돈은 생활을 하는 데 필요한 정도만 있으면 될 것이다. 그들은 분명 행복한 삶을 살고 있다고 할 수 있다.

돈은 나누면 돌아온다

지구상에는 지금 가난해서 학교에 가지 못하는 아이가 1억 3천만 명이나 있다고 한다. 이 수치는 전 세계의 취학 연령인 아이들의 10% 이상에 달한다고 한다. 또한 놀랍게도 세계 인구의 절반이 아직도 기초적인 의료 서비스를 받지 못하고 있다고 한다. 돈을 가진 큰 기쁨 중 하나는 이와 같이 슬픈 현실을 조금이라도 해소하기 위해 적극적으로 행동하게 되는 것이다.

여러 가지 가슴 아픈 사연이나 사건에는 아무리 선한 마음을 가지고 있다고 해도 그저 마음만으로는 아무것도 해결할 수 없다. 구체적으로 일을 해결하기 위해서는 역시 돈의 힘이 필요하다. 세계의 많은 부자들은 그것을 잘 이해하고 있고 실재로 매우 적극적으로 복지 활동을 하고, 기부도 한다. 그런 의미에서 한국은 아직 뒤처져 있다고 할 수 있다. 필요한 건 구체적인 행동인 것이다.

지진이나 태풍, 호우 등. 일본은 정말 지진이 많이 일어난다. '재해열도'라는 꺼림칙한 별명까지 있을 정도다. 이러한 재해가 일어날 때마다 편의점이나 슈퍼마켓의 계산대 앞에 모금함이 놓여져 있다. 하지만 그 안은 대부분 텅텅 비어 있다. 아무래도 일본인에게 '기부'의 습관이 퍼져 있지 않은 탓이다. 대체 어째서일까? 일본에는 오래 전 복 나누기라고 불리는 관습이 있었다. 자신에게 좋은 일이 생기면 그 좋은 일에서 생긴 기쁨을 주변 사람에게 나눠주는 것이다. 지금의 행복을 세상과 나누고 또 받는 것이다. 그러면 기쁨이나 행복이 더 커져서 자신도 더 행복해지는 것이다.

복 나누기는 이러한 심리에서 나온 관습으로 자신도 주변 사람도 함께 행복해지는 매우 선한 구조라고 할 수 있다. 때때로 운명만큼 불공평한 것도 없다고 느낄 때가 있다. 아직 많은 문제가 산적해 있지만 일본은 그나마 비교적 부유하고 행복한 나라라고 생각한다. 지금 이 순간에도 10억이 넘는 사람들이 양껏 먹지도 못하고 기아에 굶주려 있다. 혹독한 환경 속에서 살아가고 있기에 말라리아에 걸려 죽는 아이들도 많다. 일본에서는 오래 전에 근절된 유행성 소아마비에 감염되는 아이들도 셀 수 없이 많다.

말라리아에 걸린 사람을 치료하는 데 필요한 치료제는 50엔이다. 유행성 소아마비의 백신은 겨우 20엔에 불과하다. 우리들이 아주 조금만 기부를 하면 운명에 버려진 많은 아이들이 미래를 얻을 수 있다는 사실을 보다 널리 알려야 할 필요가 있다. 예를 들어 50엔짜리 동전이 있으면 그걸 써버리지 말고 저금통이나 작은 상자에 넣어둔다. 이틀에 한 번 정도의 페이스로 모으면 1개월에 750엔 정도를 모을 수 있다. 이 정도 금액이라면 기쁜 마음으로 기부를 할 사람이 상당히 많을 것이다. 물론 부자라면 보다 많은 금액을 기부하는 습관을 기르자. 나는 친구가 권해서 발전도상국의 아이들에게 매월 3천 엔을 보낸다. 이 제도의 장점은 내가 돈을 보낸 아이들의 이름도 알 수 있고 그 아이로부터 편지를 받을 수도 있다는 점이다. 3천 엔으로 그 아이가 학교에 다닐 수 있고, 장래에는 전문적인 기술을 익힐 것이라며 편지에 써서 보내온다. 정말로 작은 일이지만 나는 매월 그 아이로부터 편지가 오길 기다리고 있다.

선한 목적을 위해 사용할 때 돈은 최상의 기쁨을 가져온다. 동시에 그 기쁨을 보다 크게 만들고 싶다는 마음이 용솟음치게 된다. 지금보다 더 부자가 되어서 보다 많은 사람에게 내 복을 나눠주고 싶다고 생각하게 된다. 이처럼 내가 가진 것을 나누는 것은 더 큰 기쁨과 행복을 가져다준다.

33

돈이 많은데도
'졸부'로 보인다면

매너가 사람을 만든다

지금까지 5천 명이나 되는 경영자에게 경영 지도를 해온 사람이 있다. 그 사람은 "성공하는 경영자들은 모두 인간성이 좋았어요"라고 딱 잘라 말했다. 부하나 거래처를 함부로 대하고, 얕보는 경영자는 일시적인 성공을 얻을 수는 있어도 나중에는 망하는 사람이 놀라울 정도로 많다고 한다. "비즈니스는 숫자의 문제일 뿐, 인격과는 관계가 없다고 생각하는 경우가 많지만 사실 비즈니스도

경영도 자세히 보면 결국 사람과 사람의 관계로 성립되는 거예요."

사람의 인격을 알 수 있는 건 거래처 상대를 대하는 태도가 아니라, 부하나 가게의 종업원들을 대하는 태도에서 알 수 있다고 한다. 거래처 사람을 대할 때는 나름 정중한 사람도 부하에게는 건방진 태도를 취하거나 명령하는 어조를 쓰는 사람에게는 신뢰가 생기기 힘들고 더 가까워지고 싶은 마음이 생기지 않는다.

경청의 힘

주변 사람의 말을 잘 듣고 받아들여 변화하는 모습을 보이고 상대를 대우하며 존경하는 마음이 없다면 무슨 일을 하든 잘 풀리지 않는다. 그 결과 성공은 물 건너가게 된다. 다른 사람의 말을 경청하는 것이 중요하다는 것을 알고 있어도 실제로 행동으로 옮기는 것은 사실 매우 어려운 일이다. 하지만 몇 가지 요령만 익히면 의외로 경청하

는 일이 쉬워진다.

- 첫째, 상대방이 주인공이라고 생각하고 자신은 최대한 말을 삼간다. 가급적이면 말을 적게 하고 맞장구만 치도록 하자. "그렇구나" "그래서?" "왜" 등을 자주 이용한다.

- 둘째, 상대방의 말을 똑같이 반복한다. 상대의 말을 그대로 반복하고 자신의 의견을 말하지 않는다. 특별한 기술이 아닌 것 같지만 매우 중요한 기법이다. 예를 들면 이렇게 대화하는 것이다.

"난 아랍어를 잘해." "오, 아랍어라니…"

"얼마 전 쿠바에 다녀왔어요." "쿠바? 쿠바에 다녀왔어요?"

"저는 울보라서 별 거 아닌 일에도 잘 울어요." "네? 운다고요?"

- 셋째, 알았다는 말은 하지 마라. 아직 설명을 하는 도중인지도 모르는데 "아, 나 그거 알아"라거나 "그 마음 잘 알지"라고 하면 상대방은 당신을 이 사람은 말로만

안다고 생각해서 당신을 신뢰하지 않게 된다. 알았다는 말을 하기보다는 "그래서?" "좀 더 구체적으로 말해줘"라고 한다. 더욱 자세히 알고 싶다는 마음을 어필하도록 한다.

34

당신의 얼굴에
책임질 수 있는가

판단 기준의 93%는 '비언어적 요소'

부자나 자신의 일에 만족하고 있는 사람, 자신의 인생에 만족하며 살아가는 사람은 모두 예외 없이 매우 보기 좋은 얼굴을 하고 있다. 최근에는 잘생겼다든가 귀엽다며 얼굴의 생김새를 평가하는 경우가 많지만, 보기 좋은 얼굴이란 건 잘생긴 것과는 조금 다르다. 얼굴의 생김새를 말하는 것이 아니라 표정이나 분위기에 그 사람의 인생이 담겨 있는 것을 말한다.

10년도 더 전의 일이지만 다케우치 이치로竹内一郎의 저서인 《사람은 외견이 90%人は見た目が9割》가 화제가 된 적이 있었다. 사람의 인상은 그 사람의 말이나 내용 등 언어에 의한 커뮤니케이션에 의한 것은 7% 정도에 불과하고, 나머지는 말 이외의 요소에 좌우된다고 한다. 겉모습이라는 것은 얼굴만 얘기하는 것이 아니라 복장이나 몸동작, 태도, 목소리 등이 포함된다. 게다가 그런 모습들에서 느껴지는 교양이나 매너 등도 포함된다고 한다. 하지만 내 생각에 대부분의 사람은 그냥 '얼굴'만 봐도 어느 정도는 인물의 성격일지 판단이 선다고 본다.

능력 있는 사람에게 느껴지는 분위기

얼굴은 상상 이상으로 정직하게 그 사람을 나타내고 있어서 아무리 잘 생기고 미인으로 태어났다고 해도 어딘지 모르게 불쾌하게 생겼거나, 궁상맞게 생긴 얼굴이 있다. 반대로 올곧게 열심히 삶을 살아온 사람은 태생이 잘 생긴 건

아닌데도 왠지 모르게 눈이 가는 보기 좋은 얼굴을 가지게
된다.

예를 들면 지금은 뉴욕 양키즈의 기둥이 된 다나카 마사
히로田中将大 투수가 그 전형적인 인물이라고 할 수 있다. 그
에게는 실례되는 말이지만 고등학생 시절의 다나카 선수는
겉치레로도 잘 생겼다는 말은 할 수 없는 얼굴이었다. 투수
로서의 소질이나 실적이 그 누구보다 뛰어났음에도 그 당
시의 인기는 다른 잘 생긴 투수에게 한참이니 미치지 못했
다. 하지만 최근의 다나카 선수는 야무지면서도 정말 보기
좋은 얼굴을 하고 있다. 메이저리그에 가고 나서도 매년 놀
라운 성적을 올리고 있다. 팀의 신뢰에 보답하며 착실하게
성과를 내고 있다. 그런 일을 통해서 자신감이 내면에서부
터 흘러나오는 것이 느껴진다.

얼마 전 사망한 여배우 키키 키린樹木希林도 나이에 어울
리는 멋진 얼굴을 하게 된 사람 중 하나다. 키키에게는 미안
하지만 미인이라고는 할 수 없는 얼굴이다. 하지만 키키만
큼 매력적인 배우는 그리 많지 않다. 무엇보다도 그 존재감
과 표정에서 드러나는 삶의 모습이 사람의 마음을 사로잡

는다. 스스로에게 거짓말을 하지 않으며 성실하게 세상과 마주하며 열심히 일한다. 어느 드라마에서 보여준 키키의 부처와 같은 얼굴은 잊히지 않는다.

보기 좋은 얼굴은 자신의 삶의 방식을 관철해 스스로 만드는 것이다. 그 삶의 방식이 자신에게도, 그리고 사회에 있어서도 가치가 있는 것이라면 자연스럽게 멋진 얼굴로 변해 간다. 그건 성공한 많은 사람들과 부자들의 얼굴을 보면 납득할 수 있을 것이다.

35

돈은
도구일 뿐이다

만일 내가 1억 엔을 모았다면

연봉 1천만 엔을 받는 게 꿈이라든가 1억 엔을 모으고
싶다는 사람이 적지 않다. 하지만 이런 목표를 가진 사람은
의외로 풍족한 삶을 보내고 있지 않다. 실제로 연봉 1천만
엔을 받고, 1억 엔을 저금하게 되면 그것으로 만족해버리고
만다. 시시한 인생으로 끝나버리는 것이다.

이러한 작은 성과에 만족하면 앞으로 성장해 갈 커다란
기쁨을 놓치고 마는 건 매우 안타까운 일이다. 목표했던 액

수만큼 돈을 벌게 되어도 더욱 초조해지는 경우도 있다. "돈은 바닷물과 비슷하다. 마시면 마실수록 갈증이 생긴다"는 말이 있다. 목표했던 연봉이나 저축액에 도달하고 나면 그 너머에는 더 높은 산이 있다는 걸 알게 된다. 더 높은 산을 보게 되면 그 산을 오르고 싶어지는 건 사람이 가진 당연한 욕구다. 하지만 위만을 바라보며 사는 인생도 괴로울 것이다.

돈은 나다운 삶을 살기 위한 도구

여기서 다시 한 번 부자는 어떤 사람을 말하는지 생각해 보자. 부자는 돈을 많이 가진 사람이다. 일반적으로는 그렇게 생각할 것이다. 하지만 여러 유형의 수많은 부자들을 봐 온 나는 진짜 부자는 자신이 살고 싶은 인생을 자유롭게 원하는 대로 사는 사람이라는 것을 깨닫게 되었다.

아무리 많은 돈을 가지고 있어도 은행에 모셔만 두어서는 의미가 없다. 사용하고 싶은 곳이 없다면 아무리 돈이 많아도 기쁨이나 행복으로 이어지지 않는다. 깊이 생각할 필요도 없다. 사람은 부자가 되기 위해서 사는 것이 아니라 진정한 행복을 누리기 위해서 사는 것이기 때문이다. 기쁨도 행복도 그 형태는 사람마다 다르다. 돈은 그것을 실현하기 위한, 살아가는 기쁨을 실현하기 위한 도구이다. 즉, 자신이 원하는 행복이 무엇인지 알지 못하면 아무리 돈이 많아도 소용이 없다는 것이다. 지금까지의 인생을 돌아보고 가장 행복했던 순간이 언제였는지 떠올려보자.

연애를 했을 때인가? 자신의 아이가 태어났을 때인가? 아니면 일에 대한 성과를 높게 평가받았을 때인가?

부자가 되어도 이런 삶의 기쁨을 느끼지 못한다면 그 인생은 매우 슬픈 인생이다. 앞으로 인생을 살아가면서 어떤 것에서 기쁨을 얻고 행복을 느낄 수 있는지 생각해보자. 그것이 인생에서 가장 중요한 것이다.

부자가 진정한 가치를 발휘하는 건 자신이 행복을 느끼는 삶을 가장 좋은 형태로 실현시킬 때이다. 이것을 기억한다면 자신이 행복하기 위해 필요한 만큼의 돈만 있어도 충분하다는 것을 알게 될 것이다. 그리고 그러한 삶이야말로 부자라고 불리기에 합당한 최고의 인생이다.

부의 철학

초판 1쇄 발행 · 2020년 2월 28일

지은이 · 스가와라 게이
옮긴이 · 김원희
펴낸이 · 김동하

책임편집 · 양현경
온라인마케팅 · 이인애

펴낸곳 · 책들의정원
출판신고 · 2015년 1월 14일 제2016-000120호
주소 · (03955) 서울시 마포구 방울내로9안길 32, 2층(망원동)
문의 · (070) 7853-8600
팩스 · (02) 6020-8601
이메일 · books-garden1@naver.com
포스트 ·post. naver. com/books-garden1

ISBN · 979-11-6416-049-5 (03320)